高校体育教学与管理模式创新研究

韩家麟 著

吉林出版集团股份有限公司

图书在版编目（CIP）数据

高校体育教学与管理模式创新研究 / 韩家麟著.
长春：吉林出版集团股份有限公司，2024.7.-- ISBN
978-7-5731-5410-1

Ⅰ. G807.4

中国国家版本馆CIP数据核字第2024JB5670号

高 校 体 育 教 学 与 管 理 模 式 创 新 研 究
GAOXIAO TIYU JIAOXUE YU GUANLI MOSHI CHUANGXIN YANJIU

著　　者	韩家麟
责任编辑	王艳平
封面设计	牧野春晖
开　　本	710mm×1000mm 1/16
字　　数	156 千
印　　张	11.5
版　　次	2025 年 1 月第 1 版
印　　次	2025 年 1 月第 1 次印刷

出版发行	吉林出版集团股份有限公司
电　　话	总编办：010-63109269
	发行部：010-63109269
印　　刷	三河市悦鑫印刷有限公司

ISBN978-7-5731-5410-1　　　　　　　　　　定价：79.00 元

前言 PREFACE

　　在人类社会发展的历史长河中，体育始终扮演着举足轻重的角色。它不仅仅是一种身体活动，更是一种生活态度，一种对健康生活的追求，一种对身心和谐的向往。体育教学作为传承体育精神、技能和知识的重要途径，其科学性、系统性和前瞻性对于培养全面发展的人才具有不可替代的作用。

　　体育是一种社会文化现象，历经千年发展，从原始的狩猎、战争中的技能训练到现代奥林匹克运动的兴起，见证了人类文明的进步与变迁。在我国，体育教学也经历了从传统到现代的转型，其定位与历史演变不仅反映了教育理念的更新，也体现了社会对体育教育功能的不断认识和深化。本书旨在通过深入探讨体育教学的各个方面，并对其进行全面而系统的分析，为体育教学工作提供一套科学、实用的参考指南。

　　本书共分七章，第一章详细探讨了我国体育教学的定位及其历史演变、体育教学理念的流变与争鸣，希望能够为读者提供一个清晰的历史脉络；第二章深入探讨了体育教学的基本策略和有效教学方法；第三章对体育教学目标的设定进行了概述，并详细阐述了体育教学的原则及其补充与完善；第四章对高校体育教学过程、控制与管理问题进行了全面的探讨，包括体育教学的过程和结构分析，以及体育教学课堂的科学管理；第五章对体育教学评价的概念、特点、原则、内容进行了详细的阐述；第六章对体育教学资源的开发与利用进行了全面的探讨，包括体育课程人力资源、体育设施资源、体育教学内容资源，以及课外和校外体育资源的开发与利用；第七章从网络课程开发、有效体育教学模式以及信息技术下的体育课程整合三个角度对高校体育教学模式的发展创新进行了研究。

本书致力于提供一个全面、系统的体育教学理论体系，帮助读者深入理解体育教学的各个方面，并提供实用的教学方法和资源开发策略。我们期望本书能为体育教学工作者和爱好者提供参考，共同推动我国体育教学的进步与发展。

本书在写作过程中借鉴了众多专家学者的研究成果，在此表示诚挚的感谢。由于作者水平有限，书中所涉及的内容、观点难免存在疏漏与不严谨之处，敬请广大读者予以批评指正。

韩家麟

2024 年 5 月

目 录 CONTENTS

第一章

体育教学的科学认识

第一节　我国体育教学的定位及其历史演变

一、我国体育教学的定位分析

（一）体育教学论的学科性质

学科性质是学术的分类特质，指一定的科学领域或一门科学分支的特质。对一门学科性质的认定，关系到其在科学领域的归属和分类等许多重要问题：体育教学论的学科性质问题是这门学科得以确定的基本问题。体育教学论能够独立于其他学科而存在，就是由其特有的性质决定的。那么，体育教学论的学科性质是什么呢？

按照目前体育教学论已有的科研成果及社会科学对学科性质的整体归类，我们把学科的性质分为理论科学、应用科学和理论兼应用科学三类。当然，我们对体育教学论的学科性质的界定还不能简单地套用上述三类，因为对学科性质的界定还必须综合考虑这门学科的相关特点，甚至相关的概念，还受其他相关学科性质的影响。

体育教学论是学科教学论的组成部分，因此体育教学论的学科性质首先受教学论学科性质的影响，而人们对教学论学科性质的研究存在一定分歧，处在不断演变之中。17世纪夸美纽斯在他的《大教学论》一书中指出，寻找一种教学方法，使得教师因此可以少教，但是学生可以多学。他主要关注的是研究教育教学的技巧、操作方法和策略等。这种教学研究的观点，长期以来得到西方学者们的赞同。持有这种观点的人，侧重于把教学论定位为研究具体的教学操作方法和技术的学科。苏联和东欧的教学论学者则持不同的观点。苏联学者达尼洛夫、叶希波夫在所著的《教学论》中指出："教学论是教育学的一部分。"它阐述教育和教学的理论，研究的问题是学校教育的任务和内容，学生掌握知识、技能和技巧的过程，教学原则、方法和组织形式。他们认为教学论研究的是教学的一般规律，因此他们倾向于把教学论定位于研究教学一般规律的理论学科。

我国一些学者也对体育教学论的学科性质做了思辨性研究。张学忠、毛振明指出：体育教学论是集理论性和应用性于一体的综合性学科。前者说明体育教学论是研究体育教学现象、特征、本质和规律等基本问题，不断提高体育教学基础理论的科学性和系统性，含有理论性学科的特征。后者说明体育教学论研究的基本理论要运用体育教学实践，从而指导和服务于教学实践，含有应用性学科的特征。因此，具有综合性学科的特征。还有学者认为，体育教学论属于应用理论研究，其研究的根本途径在于通过研究体育教学活动和现象揭示体育教学客观规律；通过建立具体而系统的体育教学范畴和理论体系，说明和解决体育教学活动的关系及课题，并运用到体育教学实践。

体育教学论是教学论的分科教学论，要在综合教学论认识的基础之上，结合体育学科自身的特点，概括出它的学科性质。体育教学论不仅涉及体育教学理论知识的教学，还要把这种理论应用到实践教学中。因此，体育教学论既要根据体育教学实践发展的需要，总结出各种类型的具体教学模式，教学策略，教学设计方法、技术等，还要在这些实践中总结、概括出普遍的规律，以便更好地指导理论教学。因此，笔者最终把体育教学论的定位精要概括为实践性很强的理论型应用学科。

（二）体育教学论的研究对象

任何一个学科的发展都有核心领域，也就是说，都有其特定的研究对象。特定的研究对象是一个学科产生和存在的客观依据。因此，明确体育教学论的研究对象，是实现体育教学论科学化的首要问题，对体育教学论的学科建设与发展具有十分重要的意义。那么，体育教学论的研究对象是什么呢？究竟如何确定体育教学论的研究对象呢？

针对上述问题，笔者认为，确立体育教学论的研究对象前必须把握以下五方面：①体育教学论所确定的研究对象是客观存在的，但这并不是说体育教学领域中所有客观存在的都是体育教学论研究对象。②要区分体育教学论概念的内涵与体育教学论的研究对象。体育教学论的概念是揭示体育教学论所反映的对象的本质属性，体育教学论的研究对象是指体育教学论要研究什么。③要区分体育教学论的研究对象与研究任务。体育教学论是研究体育教学一般规律的科学，并不等于体育教学论的研究对象就是教学规律。④体育教学论的研究对象是由它所要解决的特殊矛盾的任务决定的，要界定体育教学论的研究对象，就要弄清体育教学论所要解决的特殊矛盾是什么。体育教学论之所以能区别于其他学科，就是因为它研究的是教与学的矛盾。因此，抓住教与学这一本质的联系，也就抓住了教学研究的根本。⑤要区分体育教学论研究的客体与研究对象。体育教学论研究的客体是整体的体育教学活动，不能把研究的客体纯粹地等同于研究对象，因为体育教学活动这一客体是学校体育教学活动所指向的对象。

根据上述分析，我们再来看目前已有的科研成果中对体育教学论研究对象的界定。我国学者在这方面形成了不同的看法，归纳起来可以分为两类：①把体育教学论的研究对象界定为体育教学的一般规律。樊临虎在《体育教学论》一书中指出：体育教学论的研究对象是探索体育教学本质与规律，寻求最优化的教学途径与方法用于体育教学实践，提高体育教学质量。②把体育教学论的研究对象界定为各种具体的教学变量和教学要素。张学忠、毛振明认为，体育教学论研究的对象是体育教学问题等。

从以上对体育教学论研究对象的相关研究成果来看，把体育教学规律变成体育教学论的研究对象、把体育教学论研究对象归结到体育教学活动中的问题、离开教与学的问题来谈体育教学论研究对象、笼统地把体育教学论的研究对象指向体育教学论的概念等观点都失之偏颇，因为体育教学论的研究对象是指要研究什么的问题。把体育教学论的研究对象说成是体育教学论的规律，就把体育教学论的研究对象与任务混淆了。

根据以上论述，笔者认为，体育教学论的研究对象是从体育教学中所要解决的特殊矛盾、体育教学的任务及教与学的问题出发来研究体育教学活动中所面临和所要解决的问题。

（三）体育教学论研究的基本范畴

对于一个学科来说，基本范畴无疑是这个学科最基本的问题，一个学科的基本属性、研究对象、研究方法等都可以算作这个学科的基本范畴。由于体育教学是一个复杂教育现象的统一体，因此我们想弄清楚体育教学论的研究范畴就要从多方面来考虑。首先，在体育教学论的学科性质方面，从前文的论述中可知，体育教学论是一门实践性很强的理论型应用学科。诚然，体育教学论不仅要研究体育教学的一般规律，还要研究这些规律在教学实践中的应用。这都是体育教学论的研究范畴。当然还包括体育教学论这门学科的基本属性、研究对象、研究方法等。其次，在体育教学系统方面，构成教学系统的要素包括教师、学生、教材、教学手段、教学目的等，并且每个要素都是体育教学论研究范畴的构成体，都在教学系统中发挥着独特的作用。

笔者认为，要弄清楚体育教学论的研究范畴，不能只从这些表面现象来看，还要通过这些表面现象看到实质。体育教学论的真正研究范畴应该能适用于任何体育教学活动，能保持相对的稳定性，能重复操作并保持相似结果。体育教学论具有矛盾的辩证统一性，应保证在范畴本身矛盾运动中揭示各种关系，形成理论体系；它还具有结构性，在范畴因素之间构成一个有机体，并能进一步演绎，形成完整的体育教学论体系。要达到这样的要求，我们先要弄清楚体育教学要面对的矛盾统一体。体育理论与技术最终要被学生所认识。因此，学生是认识与发展的主体，被认识的体育理论与技术是客体，而教师、教学环境等只是促进认识的媒介。主体与客体、主体与媒介、客体与媒介都存在矛盾。其中，主体与客体之间的矛盾转化上升的过程就是体育教学发展的动力，是体育教学理论发展的推进器。这就组成了体育教学论研究的3个基本范畴：学生、体育理论与技术和媒介。在基本范畴的进一步演绎下，我们得出体育教学论研究的内容体系：①学生范畴表现出来的研究内容有体育教学过程中的主体性，体育教学过程中的主体、客体及其相互间的关系问题，如何培养学生的主体性发展问题等。②体育理论与技术范畴表现出来的研究内容有体育教学过程、体育教学内容、体育教学系统、体育教学规律与原则、体育教学方法、体育教学模式、体育教学组织形式等。③媒介范畴所表现出的研究内容有体育教学过程的主体性、体育教学目标、体育教学环境、体育教学艺术、体育教学管理与评价等。这些研究内容构成了体育教学论的学科体系。

二、我国体育教学的发展过程

（一）我国体育教学思想的溯源

体育作为获取生存所必需的物质财富活动之外的一个社会活动特殊范畴，产生于原始社会的晚期。其训练的内容是多方面的，包括许多身体运动能力方面的训练。例如，对从事畜牧业的人来说，骑马和骑马围猎是他们主要的谋生本领，因此青年必须接受这方面的训练。在农业村庄，人们感兴趣的是摔跤、举重、舞蹈和养生术等，青少年也以学习这些内容为主。当然，不同的地域、不同的历史时代，体育教学的内容、形式均有差异。

在我国体育教学思想形成、发展的过程中，孔子思想是中国教育思想之源，他的教育思想对体育教学产生了深刻的影响。例如，孔子所推崇的"六艺"非常重视人的身体的全面发展。孔子认为体育活动的情调应该是轻松愉快的："君子之音，温柔居中，以养生育之气。忧愁之感，不加于心也；暴厉之动，不在于体也。"（《孔子家语·辩乐解》）孔子的教育思想对我国当时的体育教学做出了应有的贡献。

除了孔子的教育思想之外，其他思想流派也对我国体育教学理论的发展做出了一定贡献。例如，以老子为代表的道家思想，《道德经》中的"无为而无不为""刚则折，柔恒存兮""柔弱胜刚强""长生久视"之理，成为中国传统武术的方法论，并被广泛应用于古代武术教学传承。随着社会的逐步发展，还产生了以淮南王刘安为代表的黄老学派的自然主义教学思想，以董仲舒为代表的经学教学论思想，以王充为代表的儒学异端教学论思想，以嵇康为代表的玄学教学论思想，以道安、慧远、葛洪为代表的宗教教学论思想，以颜之推为代表的儒道佛初步融合的教学论思想，以王通、韩愈、柳宗元为代表的重振儒道教学论思想。这些教学论思想中都有中国传统体育思想的萌芽。

（二）我国近代学制建立以后体育教学理论的沿革

1．清朝末年的体育教学理论

（1）初步引进。第一次鸦片战争之后，中国人开始寻求强国之路，社会上开始出现一系列变革。在教育领域，清政府确立了"中学为体，西学为用"的指导方针，1862 年开始兴建洋务学堂。在体育方面，1903 年清政府颁布了《奏定学堂章程》，规定了癸卯学制，并确立了体育课程的必修地位，体育课程在各级各类学堂里得到了快速的发展。新式学堂的发展导致各科教师极缺，技术性很强的体操教学教师更是缺少。1906 年，清朝学部通令全国扩大师范学堂名额，并命令各省在师范学堂设立五个月毕业的体操专修科，开办培养师资的体操专修科或体育学堂，专门培养体育师资。

从 1862 年开始兴建洋务学堂到 1906 年开办的体操专修科或体育学堂，体操教学得到发展，但关于体操教学理论的课程与教材在学校教育中还未出现，其他学科的教学论亦然。其间已出现了有关教学论方面的引进介绍，其中影响最大的教育专业刊物是《教育世界》。它于 1901 年 6 月创刊于上海，创刊伊始就系统地介绍日本学者汤本武比古所著的《教授学》，主要反映的是赫尔巴特的教学理论。除此之外，《教育世界》还介绍了西方教育家夸美纽斯、裴斯泰洛齐、第斯多惠、赫尔巴特等的教学思想。虽然有了教学理论的介绍，但教育界对教学理论的研究仍处在接触和理解阶段，在实践教学中，教学方法还比较混乱，无一定程式。不过，在各种不同的方法中，有两种共通之处：①在竭力接受班级教授之分班组织、团体讲演等新方法外，仍保持中国传统讲学方法，不拘年限，各科须做笔记等；②此时期的教育方法，实是中西杂糅。

（2）初建体系。本阶段为从1903年颁布《奏定学堂章程》到民国初期。由于洋务学堂得到一定的发展，并且通过派遣留学生、翻译西方的教育著作、创建教育学刊等方式，西方的教育理论在中国有了一定的基础，由此，我国的教授法著作开始出现，学校教育中也出现了教学理论课程。

通过对日本教学理论的学习，中国学者应当时教学计划的要求开始编写教授法著作。如朱孔文编的《教授法通论》（时中学社1903年版）。由于当时受日本的影响比较深，而日本的教学理论又倾向于赫尔巴特的五段教学法，我国此阶段的教学论教材所体现的多是赫尔巴特的教学方法。

2．民国时期的体育教学理论

（1）继承清末体育教学理论。1911年10月，资产阶级领导的辛亥革命爆发了，推翻了清王朝的统治，结束了我国两千多年的封建帝制。1912年1月，资产阶级革命党人在南京建立临时政府，临时政府一成立就设立了教育部，由蔡元培担任教育总长。教育部成立伊始就颁布了《普通教育暂行办法》《普通教育暂行课程标准》等法令，建立了民国学制系统的结构框架，史称"壬子学制"。由此，一套相对完整的教育制度建立起来。新学制在体操课方面根据不同学段的学生制定了不同的教育宗旨，并且设置了相应的课程内容。此外，国民政府继续沿用"军国民教育"思想，对士兵体操科目的重视程度也达到了高峰。

这一时期，我国体操课的教学从教学思想到教学方法都没有太大的进步，基本上是对清朝末年教学理论的延续。由此可见，这时的体操教学仍以引进日本的赫尔巴特教学方法为主。

同时，我国学者也编著了一些教学理论的著作。教育部 1912 年颁布的《师范学校规程》和 1913 年颁布的《高等师范学校规程》都规定教育学科中包含教授法。在这一时期，我国学者编写的教授法教材有：1909 年白作霖编著、蒋维乔校订、商务印书馆出版的《各科教授法精义》；1913 年商务印书馆出版的《科学教授法原理》；1916 年蒋维乔编写、商务印书馆出版的《教授法讲义》；1915 年钱体纯、杨保恒编写，仇采、蒋维乔校订，商务印书馆出版的《师范学校新教科书教授法》。

在这一阶段，关于体育教授法的教材开始出现，只是仍包含在普通教授法之中。例如，蒋维乔编写的《教授法讲义》就分为总论与分论两个部分。总论讲述的是教授之意义、教授之目的、教授之材料、教授之方法等；分论讲述修身、国文、算术、历史、地理、理科、手工、图画、唱歌、体操、农业、商业、英语等各科教学。同时，李步青编著的《新制各科教授法》已出现在师范类学校的教授法教材中。这些教材都是在论述普通教学理论的基础上就各个学科进行论述，体育教授法包含其中。

（2）全面引进吸收期。新文化运动所倡导的"提倡民主，反对专制；提倡科学，反对迷信；提倡新文学，反对旧文学"等推动了中国教育的全方位改革，欧美教育家的教学思想得到快速传播，西方盛行的各种教学方法也在中国得到快速发展。随着美国实用主义教育家杜威，美国学者孟录、推士、迈克尔等人先后来中国讲学，实用主义教育思想在中国得以广泛传播。

1919 年 2 月，陶行知发表的《教学合一》一文系统阐述了"教授法"到"教学法"的理论思想，引起了当时中国教育界对教学理论的深刻探讨。之后，部分学校逐步把教授法改为教学法。与此同时，教学理论课程建设也得到了发展。1925 年全国教育联合会颁布的《新学制师范科课程纲要》规定，必修科目中有普通教学法、各科教学法研究等。之后，教育部也颁布了不同的规程，以确立普通教学法和各科教学法的地位。

随着西方教学理论在中国的传播，中国学者的教学理论观点也随之改变。在教学方法上，由原来的赫尔巴特以教师为主导的教学理论转变为注重学生的主体地位，教学方法由原来单一的灌输式转向以启发式为主、其他教学方法兼顾。随着教育科学研究的发展，这一时期还出现了"教材及教学法"教材，这类教材一般分为通论和各论两部分。通论对教材和教学方法进行总述，各论包含体育课。

随着体育教学科研的发展，中国的体育教学法逐渐从各科教学法中独立出来，成为教学论的一个分支。1933 年 7 月，吴蕴瑞著的《体育教学法》一文出版。该文分通论、各论两编，是已知的迄今为止中国最早的体育教学法专著，为之后的体育教学法从各科教学法中完全独立出来奠定了基础。

抗日战争爆发以后，中国社会更加动荡，教育事业艰难开展，体育教学理论的研究进入停滞期。这一时期的体育教学理论教材基本是之前教材的延续。

3. 中华人民共和国成立以后的体育教学理论

中华人民共和国成立之后，体育教学理论经历了曲折发展的历程。这个发展过程大致可划分成三个阶段：

（1）全面学习苏联体育教学理论阶段。中华人民共和国成立以后，我国政府非常重视体育事业和人民的身体素质。由于受苏联的影响，这一时期的体育教学理论、体育教学理论的教材与著作反映的都是凯洛夫的苏式教学理论。相比中华人民共和国成立前，此时的体育教学理论更加科学、系统。但是，这种苏式体育教学论也存在很多缺点，如过于强调教师在教学过程中的主导作用，而忽略了学生的主体地位；过于注重体育课堂教学中基础知识和基本技能的传授，教学模式过于呆板，限制了教师的创造性。

（2）独立探索和遭受挫折阶段。1960年之后，当时的国家体委对体育课提出了要求："要切实上好体育课，应按照教学计划的规定，尽快恢复每周两节体育课，加强体育基本知识技能教学，认真提高教学质量。"我国体育教学研究尝试着结合各地的教学实际进入了一段独立探索时期。在这样的背景下，我国体育教学研究者试图用苏联的教育理论来构建立足于中国实际的体育教学理论。1961年和1963年，相关学者先后编写了体育学院本科和中等体育学校通用体育理论教材，体育教学理论是主要内容。在这一时期，虽然体育教学理论研究的内容得到丰富，但在体系上仍未取得实质性的突破。

（3）改革开放，重新探索阶段。1976年以后，我国进入新的历史时期。1978年党的十一届三中全会后，我国开始走上建设具有中国特色的社会主义的改革开放道路。在改革开放的浪潮中，我国体育教学理论研究出现了"百花齐放，百家争鸣"的大好局面。我国体育教学理论研究由封闭转向开放，体育教学研究界对国外教学研究信息，从内容到方法、从理论到技术进行了广泛的介绍，并且在回顾体育教学理论发展的基础上，对体育教学论的一系列重大问题展开了深入的研究和探讨。例如，关于体育教学过程的本质、掌握运动技能与提高身体素质的关系、教学过程中的师生关系与地位等问题。在原有的苏式体育教学理论的基础上，重新探讨和界定了体育教学论的基本范畴，对教学规律、教学原则、教学方法、教学内容、教学评价等展开了论证。其中，许多理论探讨取得的成果很快转化为教学实践，并孕育出许多新的与体育教学相关的分支学科。体育教学论也正从体育理论中分化独立出来。

4．体育教学论建构独立体系

体育教学论飞速发展期为 1989 年至 21 世纪初。这一时期，借助国内教育教学理论研究成果，部分学者开始探讨我国体育教学理论自身体系，许多学者、专家对一些体育教学的基本理论问题进行了较为深入的思辨研究。

在体育教学指导思想上，综合分析各种体育教学指导思想，确定体育教学要为"终身体育"服务。在体育教学内容研究中，发展体育教学过程理论，全面分析体育教学过程中相互联系的各个因素，强调体育教学中的"双主体"作用，丰富了教学原则和方法。在体育教学评价方面，重视教学评价理论，强调过程性评价对学生获得体育成就的作用，注重学生在体育教学过程中的心理水平监测，但在实际操作方面还存在一定困难。随着体育教学理论研究和体育教学改革的不断深入及 1988 年第一本《体育教学论》专著的出版，不同版本的《体育教学论》应运而生，关于体育教学理论的论文越来越多，研究取得了新的突破，体育教学论得到了飞速发展。

第二节　体育教学理念的流变与争鸣

一、知识取向的教学理念的流变与争鸣

在漫长的历史中，学校教育主要是采用师徒教学制。随着近代工业的发展，这一教学制难以适应大机器生产所带来的标准化、质量、效率的要求。培养大批符合工业革命需要的、能看图纸和懂操作的统一型人才成为当时教育的主要使命。于是 17 世纪捷克教育家夸美纽斯倡导的班级授课制应运而生，为

教育的普及奠定了基础，符合工业革命需要培养大批统一型样板人才的教育使命。这种观念体现在教育领域，人们通常把拥有知识的多少作为人才的标志。其缺陷是一方面使学校与教师片面强调知识的传授，偏重学生"智"的培养与提高；另一方面使学生自身以一种纯功利的态度对待学习，不去追求自身素质的全面提高与优化，把"获取知识"作为自己唯一的学习目标。

从某种意义上来说，任何教育都负载着一定的价值。这要求学校教学进行相应的格式化调整，使理论和教学向其靠拢。于是以行为主义生物观为特征的机械式的传习技术和整齐划一的操练成为体育教学的时代范式，统一负荷、统一进度、统一标准成为体育教学的规格特征。

（一）行为主义教学观在体育教学领域的论纲与争鸣

19世纪与20世纪交替之时，强调学习与行为关联的"行为主义教学理论"产生了。这一教学理论的出现与当时被称为时代精神的达尔文进化论密切相关，受其影响，该理论以生物成长作为人的发展模式，立足于外部的指导，转化、发展为学习性活动，为教学目标的规范性、明晰性，教学过程的可控性、可预见性，教学结果的可及时检测性，做出了贡献。为人们迈向科学地、客观地揭示教与学的过程本质，科学地进行教学规划及构建教学设计理论与学科提供了基础性的先导。

这一教学视域虽然一切明明白白、整整齐齐，"有章可循，有规可依"，但由于该理论羁绊于自然属性，只表明了教学与生物学条件之间的关系。平心而论，它对体育教学是有效的，却是没有"意义"的，因为教学生活的丰富性和完整性在这一教学论视域中消失了。它能使学生积累知识，却抑制了学生内在的发展目标——能力。其发展原理过分依赖外部"强化"的条件，把行为"刺激"作为发展的中心驱动力。恰如伽达默尔在《真理与方法》一书中强调的："要方法，还是要真理？"也如瑞士动物学家波特曼所说，把动物的学习与人类幼儿的学习等量齐观。虽然它不是尽善尽美的，却起到了"拓荒者"的作用。后来出现的一些教学理论与方法都是在这种理论的基础上或在批评这种理论的过程中形成、发展起来的。

行为主义教学理论实施的特点为教师必须要把握锻炼及改正学生举止的方式，可以给学生营造一个氛围，在此基础上尽力巩固学生的优秀行动，使学生改正不良的习性。比如教师要学会对行为极佳的学生进行适当的夸奖、赞扬等，让其他的学生来效仿这种好举动、避免不好的行为举止；对那些有着学习困难的学生，就可以将其目标进行分解，采取逐一击破和巩固的方式，尽力辅助学生做出正确的举止，把犯错误的概率降到最低，进而提升学习的成效。比如，体育的授课大都按照整体的课程规划进行，但是有些个别基础差的学生就会跟不上进度，导致成绩落后。若可以灵活使用成功授课方法、程序授课的方法等，把学生当作关键点，鼓励学生依照自己喜欢、适应的速度去学习，就可以达到事半功倍的授课效果。总而言之，此理论有许多的方式方法供借鉴和学习，依据现实的条件选取使用就可以达到更好的学习成效。在这一思想的指导下，程序教学法、循环练习法、情境教学模式、成功教学模式、动作技能形成规律等教学方法和手段相继涌现。

（二）认知主义教学观在体育教学领域的论纲与争鸣

认知主义学习理论分为传统和现代两阶段。传统阶段以格式塔学派的完形说为代表，强调学习是主体对情境关系的顿悟，非简单刺激—反应联结。现代阶段则发展出多个重要理论：皮亚杰的认知发展理论提出儿童认知发展的四阶段；布鲁纳的认知—发现说强调主动学习及发现学习法；奥苏贝尔的有意义学习理论关注认知结构重组及有意义学习；加涅的信息加工学习理论揭示了学习过程中的信息获取、存储、转换和应用阶段。这些理论深化了对学习过程的理解，为教育实践提供了科学指导。

认知教学论对行为教学论的偏差提出批评：学习是学习者内部心理认知结构的形成和改组，而不是刺激—反应联结的形成或行为习惯的加强或改变，探讨的主题是学习者内部心理结构的性质和学习者智力变化的迁移。认知教学理论以认知心理学和认知学习论为基础，曾于 20 世纪 60 年代在西方掀起了以认知论为主流的教学改革运动。在这一思想命题下，涌现出结构教学法、暗示教学法、发现教学法等教学方法和手段。

该理论存在的问题与不足：认知教学论的体育学习包含"教"的环节，缺少"习"的环节，只强调人的认识活动，割裂了知与行的学习关系。导致把人类学习描述得过于简单、机械，以为教学活动就是单纯的认知积累。只需按照心理认知实施教学方法，便能进入一种高效率的学习，使学生达到教学目标。忽视了人的学习发展既是个体的又是社会的，个体的知识建构过程和社会共享的理解过程是不可分离的。遗忘了个体的发展是自然属性与社会属性的统一。易言之，学生的知识、技能、智能、情感、思想品德、体力等并不是一部分一部分割裂地、孤立地培养的，仅从知、情、意、行等某一具体方面进行学习是不会取得教学成果的。恰如现代学习型组织理论的创始人彼得·圣吉所言："这种把人的学习当作单纯的知识积累的学习导向，必然导致对个体学习兴趣和学习能力的摧残与衰落。"也诚如人类学家佛尔德·吉尔宁指出的："文化的传输不是倒水，从一个容器倒进另一个容器。"在认知主义的体育学习中，学生是"知识积累"，遗忘了知、美、乐情感的获得。恰如法国教育家加里指出的，认知主义教学方法的弊端是把形成知识技能技巧当作唯一的任务。学生只要经过多方的锻炼，然后精准地呈现出来即可。这就让学生在"明白、学会、有乐趣"的氛围中达到学习目的，而学会及有乐趣是比较难以实现的。如果要让体育课程达到和谐性，就一定要在学会及乐趣这两方面着手，使学生感受到快乐。认知主义教学的论证虽然没有完成这一任务，但它却唤起了建构主义教学论等对这一命题的兴趣。

行为主义教学论与认知主义教学论均以"管理学习、提高教学"为教育目标。这一不足是时代打在它们身上的烙印。正如马克思指出的，"我们只能在我们时代的条件下进行认识，而且这些条件达到什么程度，我们便认识到什么程度"。受达尔文进化论与客观主义思想的影响，它们只能用进化的观点去观察教学、应用学习，解释教学与学习发展的方式是自然而然的事情。虽然它们有这样或那样的缺点，但正是它们的兴起教学科学研究才迈开了步伐，为后来的研究奠定了基础。正如杜威所言，每一个终点就是一个新的起点，每一个起点又来自前一个终点。几乎后来教育、体育教学的新发现和新理论都直接或间接支持了它们的基本思想。在今天的体育教育中，我们仍然处处感受到这两种教学理论的影响和指导。

二、能力取向的教学理念的流变与争鸣

第二次世界大战后，社会生产力水平的迅速提高与新生产力发展的新要求，催生了终身教育思潮、发现学习理念、多元智力理论、建构主义学习理论等多种教育理论，为世界各国学者普遍接受和认同。人们认识到体育集体教学法在扩大教育范围、提高教育效率、培养社会所需要的大量统一性人才方面是

十分成功的。如何在班级授课制的基础上推进素质教育、发展学生的能力成为学校体育教学努力探讨的问题。

（一）建构主义教学观在体育教学领域的论纲与争鸣

由于知识取向的教学理解对教育意义的"能力"有限制，不能契合社会新技术革命进程把知识变成能力的要求，促使时代呼唤新的教学认识。进入20世纪，随着信息论、系统论、控制论等科学思想的多元涌入，教学逐步从行为主义教学论和认知主义教学论的机械思维中分离，催生了新的教学理论。教学研究领域也走出了仅作为教育心理学的应用学科的狭隘领域，开始运用多学科的话语来解读教学的无尽意义。

在这一背景下，20世纪最后十年，建构主义教学论应运而生。建构主义教学论认为，教学的立足点应"为理解而教""为学习而设计"。

以学生主动建构知识为中心，尊重学生的个体差异，注重互动的学习方式，充分发挥学生的主体性、能动性、创造性；促使学习者在参与意义中获得知识，在开放的对话中获得新的理解和知识；使学生在这一过程中投入自己的热情、困惑、烦恼、欣喜等个人情感，从面向知识结论转向在丰富的、复杂的真实情境中体悟知识、生成知识；以大量的附着知觉等隐性知识系统做支撑，让学生在不确定的、复杂的情境中亲自探究、发现过程之美，而不再是对简单结论的记忆。这些正是时代发展对教育提出的迫切要求。因此，建构主义教学论一问世就受到世界各国学者的极大关注。

这些理念为学校体育教学的再认识提供了新的视角，为学校体育教学的再生长注入了改革的活力，形成了新的教育视域，由此引发了学校体育的教育目标、课程与教学的不断调整，以应对这一挑战；也涌现出选项教学、合作教学、探究教学、分层教学和支架教学等教学方法。对此，我们要明白体育授课和人的综合性质及社会的科学性发展间的联系，把体育当作一种引子，把多方面的文化性质综合到授课内容中。从科学性角度看，要全力寻找"课程授课观和学习积极性的探究""课程合理性和人文性探究""课程授课活动的多彩性和授课目的的多样化的探究""课程学识观点的改变和学习方法革新探究"的新思路，要充分利用"德智体美劳"等多方面的教育学生的内在条件，将它们全面融入体育授课的每个方面。这会成为体育授课的关键价值，可以使学生们在学习中爱上体育，享受上课的乐趣，达到寓教于乐的目的。

存在的问题与不足：①建构主义教学论的视域受认知论的羁绊，存在消解教育主导作用的偏差，如"以学生为中心"并没有错，但过于强调学生的个别性，否定教师的作用，容易造成教学的放任自流。②学习者的知识大部分都是从学校获得的，而不是自我建构的。建构主义认为把对知识建构的认识植根于学习者是狭隘的。这一知识观只关注知识产生过程的主观性，消解了科学知识的传播性，真理性不足。③建构主义理论评价体系缺乏统一性，不完整，难以操作，还需要不断完善和发展。正如美国学者吉布森所说："建构主义有不少缺点，但给教育研究和实践提供了崭新的尺度。"因此，在应用建构主义理论指导教学时，有必要先厘清学习目标，以确定其适用性。

（二）多元智能教学观在体育教学领域的论纲与争鸣

教育究竟是什么？教育应该给学生什么？教学是教授学生知识，还是发展学生智能？怎样评价学生的"聪明"？面对这个既古老又常青的话题，美国哈佛大学心理学家加德纳教授在其1983年出版的《思维的框架：多元智能理论》一文中提出的智力结构新理论——多元智能理论回答了这个问题。他认为，人类有八种智能，智能的不同组合只是表现出单个人间的差距而已，并不能表明谁更智慧，只是说明什么区域和方面更出色、擅长而已。多元化的智能论点的出现让我们深入理解了人类智能的本质。智能组合不同，学生学习的表征与方法也不同。我们要考虑学生之间的个体差异，尽可能为每一个学生设计适合其发展的教学与学习方式，使其得到最大限度的发展。为此，实施体育新课程的个性化教学，开展"为最近发展区而设计"的教学策略与学习策略的研究，以帮助不同学生获得更好的个性化发展。

在教学组织上，我们要走出统一进度、统一负荷、统一传授和统一掌握知识的误区，要根据学生智能的不同因材施教，实施个性化教学，让每个学生发挥潜力，让每个学生都找到努力的方向，体验到成功的感受。需要注意的是，虽然建构主义教学论、多元智能理论的教学实验日益高涨，其自身还处于建设之中，尚未派生健全的教学体系，误用和滥用无疑将严重阻碍和影响其真实功效的发挥。

三、解放取向的教学理念的流变与争鸣

当今，人类社会已进入新知识经济时代，以解放个性为基础的新知识教育形态日益凸显，正成为不可阻挡的世界潮流。解放取向教学的流变与争鸣有以下两种。

（一）人本主义教学观在体育教学领域的论纲与争鸣

20 世纪 60 年代，以马斯洛、罗杰斯为代表的人本主义教学观学者提出了"教学是人自身的学习，本质上是解放人的一种活动""真正的学习经验能使学习者发现他自己独特的品质，发现自己作为一个人的特征"。人本主义教

学观反对知识至上主义，反对灌输与压制，反对统一的评价，认为教学不是秩序的理性控制，而应是学生"享有"自由的过程；推崇人生来就有学习的潜能，人是学习的主体，自己建构对世界的认识；认为教学的目标既不是教学生学会知识技能，也不是教学生学会怎样学习，而是为学生提供一种促使他们自己去学习的情境，促进个体学习的自我实现，引导学生从教学中获取个人的意义。

人本主义教学观提倡只有个性解放的教育才是永恒的追求，体育教育的使命应是解放而不是控制。学习过程是以人的整体心理活动为基础的认知活动和思想活动相统一的过程。如果没有个体的精神自由，学习任务不可能完成，学习活动即使发生也不能维持。教育不能再像过去一样，局限于按照某些预定的组织规划、需要和见解去训练，正走向包括整个社会和个人终身解放的方向。体育教学的乘数效应不仅仅在于关注教学过程是一个完成知识学习的过程，还是一个蕴含着丰富情感、人生哲理的教育性使命的过程。

此教学观点打开了体育教育的新探究视野，开辟了新的方向和目标及评判。基于此，我们可以把体育教学划分为3个阶段：①学会使用更丰富多样的学习阶段，让乏味的学习变得趣味盎然；②重点探究授课内容的有趣性及激起学生的学习乐趣，让学习不再乏味；③复现多方面的知识等，使学生在享受学习中明白、学会所有的知识点。

需要指出的是，人本主义教学观这一超越现实的思想虽与社会现实存在相当的差距，但它为我们打开了一扇新思想的大门，指明了未来教育改革的基本方向和可努力的目标。

（二）后现代主义教学观在体育教学领域的论纲与争鸣

纵观人类社会的发展史，人类实践活动可粗略地划分为两种向度：①外向度的，即"改造外部世界为实践"；②内向度的，即"改变主观世界为实践"。在工业文明时代，人依附于物，人的内向度实践的每一次进步总是需要靠外向度实践的前进来拉动。外向度的实践是时代进步的先锋和决定力量，具有主导性。然而，当时代跨越工业文明，逐步进入知识时代时，一切都发生了意想不到的变化。"内向度的实践在历史上第一次摆脱了被动适应的地位，开始以一种前瞻性的超越现实的姿态引导和提携外向度的实践"，即"人类由改造客观世界变为自我挑战、改造主观世界为前提"。对此，未来学家阿尔文·托夫勒认为，工业社会的特点是标准化，而知识社会的特点是个性化、多样化、创造性、自主性。

这使人们从关注外向性知识的存在走向对内向性知识的思考，从根本上颠覆了人类旧有教育的整体化、同步化的永恒绝对理解方式。一些理论家注重把后现代主义的思想当作兵戈，对当代的课程内容进行了深刻评论和重新构架，并提出了可实施性较强的想法。例如，将学生当作整体的人群这一发展观点作为重点，注意挖掘"学习文化"的体会及深刻的价值；倡导多元化授课和生活实践化的学习方式，重新建造科学化的师生及学生之间的关系，增加彼此之间的交流沟通。学生应勇于对所学知识提出疑问、摒除传统教育方式的影响等。这些观念虽然有很多尚不完备的地方，但为教育界的革新开辟了新的方向，并提供了前进的动力。

2004年，中国学校体育从大社会、大文化、大教育的新视角去认识体育教育，拉开了具有真正新精神与当代品格的体育新课程教学改革的帷幕，使体育教学走出自我领域的演进与繁殖，嵌入多元文化的复归。以下变化值得尊重：

（1）产生了"老师主导，学生主体"的授课新形式。着重强调构造"知识变传播"的授课环境，注重关心学生潜在能力的培养，支持学生根据自身的需求进行选修的形式，纠正了以往将"书籍、课堂及老师当作关键"的缺点。

（2）将体育课程的内容扩大，吸收了综合教育、健康知识等新内容。这是关心人类发展中的潜在内容的开端。将之前的以结果为导向变成了以过程为重点，彰显了学习性的特点。

（3）体育授课更加具有多样性。健身性、运动性、乐趣性、生活性及社会性得到凸显，可以满足学生多方面的需要。

（4）学校的体育课程追求更长远化的发展，将家庭、学校及社会综合成体育课程新的教学观念。

第二章

高校体育教学方法研究

第一节 高校体育教学的基本策略

从整体性角度出发，高校体育教学策略可以表述为在高校体育教学实施中进行系统决策活动，以达到最佳教学效果的动态过程，是通过系统思考对高校体育教学活动全过程进行的整体性预谋划，并根据体育教育规律设计体育教学课程，提高体育教学的实用性。

一、高校体育教学策略的理论基础

（一）高校体育教学策略的教育学基础

主体性教育思想是现代教育理念的重要组成部分，它强调从学生的哲学角度进行深入分析，以此为基础，全面建构学生良好的教育素质。这一思想主要提出了三个核心观点：首先，要充分尊重学生的主体性；其次，要致力于促进学生个性的自由与全面发展；最后，要重视并发展学生的自主性、主动性和创造性。这些观点的实质在于，我们要充分尊重并发挥学生的主体性，致力于培养具有独立思考和行动能力的人。这不仅是当代教育的重要目标，更是培养具有创新精神和开拓能力人才的时代要求。

在主体性教育思想中，学生的主体地位和主体性表现可具体细分为四个层面：首先，学生是学习的主体，他们应主导自己的学习进程，选择适合自己的学习方法和路径。其次，学生是交往的主体，他们应主动参与到与他人的交流中，通过互动与合作来提升自己的社交能力和团队协作能力。再次，学生是自我生活的主体，他们应学会独立生活，处理自己的日常事务，培养自己的独立生活能力。最后，学生是自我发展的主体，他们应明确自己的发展目标，制订合理的发展计划并付诸实践，以实现自我价值的不断提升。

我们也要认识到，由于学生自身的局限性，如知识储备不足、社会经验缺乏等，他们的主体地位和性质尚处于初级阶段，需要通过教师的引导和帮助来不断加强和提升。因此，在高校体育教学中，教师应充分尊重学生的主体性，通过设计富有挑战性的教学任务和活动激发学生的学习兴趣和动力，培养他们的自主性、主动性和创造性，从而真正实现主体性教育的目标。

（二）高校体育教学策略的学习论基础

自主学习、研究性学习、合作学习是当前以创新精神为核心的教育理念下课程改革所强调的三种学习方式。这三种学习方式各自包含着不同的意义：第一，自主学习是指学生自己主宰自己的学习，学生的学习具有能动性、独立性、有效性、相对性的特点。第二，研究性学习是一种以问题为载体、以主动探究为特征的学习方式，是学生在教师的指导下在学习和社会生活中自主地发现问题、探究问题、获得结论的过程。第三，合作学习就是在教学中运用小组学习方式，使学生共同开展学习活动。在实际的学习情境中，这三种学习方式虽然侧重点不同，但存在着一种相互支持、互为补充的关系。

（三）高校体育教学策略的课程观基础

新一轮体育课程改革最根本的实质是体育课程内涵的发展变化，教师的课程观必然需要发生相应的转变，主要表现在以下四个方面：第一，从强调体育学科内容到强调学生的经验和体验，把学生健康置于课程的核心位置，避免把课程与竞技运动等同起来，以保证学生的发展。第二，从强调高校体育教学目标、计划到强调高校体育教学过程本身的价值，把教学目标、计划整合到教学过程和教学情境中，以促进教师和学生创造性的发挥。第三，从强调单一教材因素到强调教师、学生、教材、环境这四个因素的整合，要求把体育课程变为一种由四个因素组成的具有整合性、动态性、成长性特征的完整文化系统。第四，从强调显性课程到强调显性与隐性课程并重，谋求在自由、富有创造性的教育环境和教学情境中达到两者的和谐统一。

二、现代高校体育教学的主要策略

（一）自主学习的高校体育教学策略

在高校体育教学活动中，以学生发展为中心，充分尊重学生的自主性，发挥学生的创造性，使学生在积极主动的体育学习过程中获得独立处理和运用体育信息、体育资源的能力，建构完整人格；自主学习教学在学习内容、时间、地点、方式的选择方面，赋予学生相应的权利，并以学生行使自己的权利为原则，给予学生自学的机会，留给学生一定的时间和空间，让学生进行自主探索。在学生积极主动的学习过程中，采用不同步的教学与指导方法，做到"先学后教，先练后讲"。

（二）研究性学习的高校体育教学策略

在高校体育教学中，学生利用已有知识、技能、经验去解决教材中或生活中的未知因素，通过"问、思、学、练"等方式获得体育知识，增长体育能力，同时发展选择信息和探索问题的能力。在教学过程中，教师以具体问题为依托，利用学生已有知识和技能，通过探究和发现的方式教授知识和技能。教师从体育运动和现实生活中选择和确定研究主题，创设情境，通过发现问题、搜集处理信息、身体实践练习、表达交流等探索活动，使学生获得直接经验，发展知识、技能、情感与态度。

（三）合作学习的高校体育教学策略

在高校体育教学中，借助体育活动团队的形式，以小组为单位，学生通过分工、合作、配合共同学习，发展个体的体育能力，同时培养合作意识和能力。具体来说，即以小组或团队共同完成某一任务，有明确的责任分工，相互配合，重点培养学生的协作、分享精神，为其在社会性群体中的适应和发展做准备；以学生自愿组合为主，小组成员间进行合作性体育学习、活动，通过小组成员间的合作交流、互帮互助、取长补短来共同进步。

第二节　高校体育教学方法及其分析

一、常用的高校体育教学方法

（一）示范法与辅导法

1. 示范法

示范法是指教师指定学生以具体的动作为范例，使学生形成初步的动作表象，以指导学生进行学习的方法。示范法是高校体育教学中最常用的直观方法，它在使学生了解所学动作的表象、顺序、技术要点和领会动作特征及形成表象方面具有独特的作用。高校体育教学中优美的动作示范还能激发学生学习的兴趣，增强学生学习的自信心。示范法按示范面来分可分为正面示范、背面示范、侧面示范和镜面示范；按功能分可分为初步形成表象示范、纠正偏差或错误示范；按示范的正误可分为错误动作示范和正确动作示范。高校体育教学过程中应根据示范的作用和教学内容的性质特点等选择最佳的示范模式。

示范法有以下要求：

（1）示范要有明确的目的，重点要突出。在高校体育教学过程中，由于示范的目的不同，因此在教学过程中要根据教学任务、教学内容的特点来安排示范的时间、速度、重点等，以突出重点，提高示范效果。例如，在学习新的动作时，为了让学生对动作表象有良好的印象，应以正常的速度完成动作；又如，为了让学生掌握羽毛球的挥拍轨迹，应采用缓慢挥拍的方式等。

（2）动作示范要准确、熟练。示范是为了让学生掌握动作要领，形成正确的表象。准确、熟练的动作示范在很大程度上影响了学习效果的好与坏。因此，体育教师在课前必须熟练准确地掌握动作，切忌现炒现卖，做出错误的示范。

（3）选择适当的方向与位置示范。示范的位置与方向是根据场地情况、场地器材条件、队形情况、动作技术、安全因素等来确定的。队伍规模较大，为了不影响其他学生的视线，应选择较高的地势进行示范；广播体操、热身操则应在扇形队伍的圆心处做镜面示范；人体纵向运动技术，如压腿、前后翻滚、起跑等应选择正向侧身示范。

（4）示范与讲解相结合。示范要取得好的效果，除了要选择恰当的方向与位置外，还必须配合讲解。示范与讲解可同时进行，也可先讲解后示范，或者先示范后讲解。对于全新的动作技术，教学时应先进行动作示范，后进行分析讲解；对难以掌握的动作技术，应边示范边讲解；有清晰的表象，但是技术细节、结构不清楚的动作，先讲解后示范的效果更佳。

2. 辅导法

辅导法是指在教学过程中，通过对学生进行有针对性的指导和帮助取得教学实效的教学方法。它是落实和贯彻学生主体性和因材施教原则的重要体现，是体育新课程关注个体差异教学理念的具体表现，对促进学生的共同提高有着重要意义。辅导法可以分为集体辅导法、小组辅导法和个别辅导法，还可以分为某个动作技术教学的事前辅导、事中辅导和事后辅导等。体育教师必须根据教学的目标、动作内容特点选择适当的辅导法。

辅导法有以下要求：

（1）深入了解学生存在和需要解决的问题，有的放矢地辅导。对于同一教学内容，每个学生掌握的情况不同，因此，了解学生的实际问题是辅导的关键。在运用辅导法教学时，教师必须深入每个小组，观察和发现他们存在的问题，并进行有针对性的辅导。

（2）全面兼顾，进行有针对性的辅导。在高校体育教学实践中，许多教师错误地认为辅导就是针对还未掌握技术的学生，其实辅导也可以对掌握动作较快的学生提出更高的学习要求并做出相应的辅导。

（3）教学内容必须是学生熟悉的或者有一定基础的。辅导法是在学生掌握一定技术的基础上，也就是有一定自学能力的基础上的教学法，对于全新的动作技术不宜选用辅导法教学。

（二）分解教学法与完整教学法

1．分解教学法

分解教学法是指根据动作的结构特点，将完整的动作分成几部分，逐段进行教学的方法。它适用于运动技术难度较高、过程复杂而又可分解的运动项目。其优点是把动作技术的难度相对降低，对复杂过程加以分解，便于学生掌握和突出教学重点与难点，有利于提高学生学习的信心。分解教学法的分解方法可按动作结构顺序或反序分，如体操的"低杠挂膝上"是由助跑、挂膝和挂膝上三个主要部分组成的；可按动作技术结构顺序练习，如按助跑—练习挂膝—将助跑和挂膝上的动作串联；可按学习难度分，如二步半上篮，可先教会原地投篮，再一步上篮，最后二步半上篮；可按身体各部分动作分，如蛙泳教学，先教腿部动作（收、翻、蹬），再教头部动作（呼吸换气），最后教手部动作（划水）。

分解教学法有以下要求：

（1）注意动作相互之间的联系，划分开的段落不能破坏动作的结构，而且要易于连接。

（2）分解教学法要与完整教学法结合运用。分解教学法的主要作用在于减少学生学习中的困难，最终学会完整动作。分解动作的练习时间不宜过长，要避免形成单个动力定型，在教学时只要发现学生基本掌握即可与其他段落或部分连接起来进行练习。

（3）切忌为分解而分解。一些简单的动作，学生很容易能学会，就不必进行分解教学。

（4）要抓住动作重点与难点，有针对性地教学。分解后不必每个动作都花费大量时间去教学，通常只要加强重点和难点部分教学，其他则进行连续性整体教学即可。

2．完整教学法

完整教学法是指对从动作开始至结束，完整、连续地进行的教学方法，它适用于运动技术难度不高或者无法进行分解教学的运动技术，如跳水、自由体操的空翻等运动技术等。完整教学法的优点是在教学中能保持动作结构的完整性，易于使学生形成动作技术的整体概念和了解动作之间的联系。

完整教学法有以下要求：

（1）利用示范和慢速演示来帮助学生认识动作的方向、路线、节奏、速度等，建立动作的整体概念和表象。

（2）对初学者应利用场地器材设备来降低难度，待充分掌握动作技术后逐步提高难度，如跳高可通过降低横竿的高度来掌握过竿技术等。

（3）有意识地降低对动作质量的要求，如羽毛球选用球速较慢的球，篮球中的近距离投篮等，但应以不造成技术变形为限。

（4）通过技能迁移来帮助教学，如开发多样的辅助性练习和诱导性练习等。

（三）探究教学法

探究教学法是指体育教师在教学过程中引导学生发现问题，并鼓励学生进行探索性、研究性活动，使问题得以解决，学生从中获得知识和掌握技能的教学方法。现代教学教育理论要求培养学生发现问题、研究问题和解决问题的能力。新体育课程也提出学生主体性理念，强调培养学生的创新能力。因此，探究教学法日益受到重视。

探究教学法有以下要求：

（1）探究教学要有明确的目的性。在教学时提出要探究的中心课题或将要完成的任务，因为探究教学是为达成课程的目标服务的。没目的、不着边际的探究活动不仅浪费有限的课堂时间，而且会妨碍课程目标的实现。

（2）探究教学法必须以学生的知识储备为基础。在教学前必须了解学生的基础，引导学生进行力所能及的探究活动。如果引导的探究问题过难，学生可能不能通过探究活动去解决，甚至会导致学生对学习失去信心。

（3）不能为探究而探究。体育新课程要求学生转变学习方式，很多教师为了体现这一观念的转变，在教学过程中刻意安排探究教学，这种观点是错误的。

（4）对学生难以解决的探究问题，教师应加强引导、启发与鼓励，但不能包办。

（四）情境教学法

在高校体育教学中，教师可以通过模拟真实的运动场景，如篮球、足球、排球等比赛现场，为学生提供身临其境的学习体验。例如，在篮球教学中，教师可以设置一个模拟的篮球比赛场景，让学生在比赛中学习和运用篮球技巧，这样不仅能提高学生的技能水平，还能培养他们的团队合作精神和比赛策略意识。

角色扮演是情境教学法中的一大亮点。在高校体育教学中，学生可以扮演不同的角色，如运动员、教练、裁判等，通过角色的互动来深入理解运动项目的规则和技巧。这种教学方式不仅能够提升学生的实战能力，还能培养他们的责任感和团队协作能力。

音乐和多媒体技术的运用也是情境教学法中的重要手段。在高校体育教学中，教师可以通过播放与教学内容相关的音乐，或者使用多媒体展示运动场景和技巧，来营造生动、真实的学习环境。这样的教学方式能够激发学生的学习兴趣，提高他们的学习积极性和参与度。

（五）分组教学法与合作学习教学

1. 分组教学法

分组教学法是指根据教学内容特点、学生情况或场地器材等客观条件要求，将学生分成不同组别进行教学的方法。在教学实践中，通常的做法是，将完整的教学班根据不同的分组标准，如性别、是否同质、水平、兴趣等分成不同的组别分别进行授课。分组教学根据教学需要可分为分组轮换和分组不轮换。目前，在高年级开展得较多的分层教学法也是分组教学的一种形式，只不过其分组标准是根据学生对教学内容的掌握情况来划分的。分层教学往往分组不轮换。

分组教学有以下要求：

（1）根据教学内容和场地器材等客观情况进行分组，所分组别不宜过多。

（2）分组教学时要全面兼顾，巡回指导，条件允许的情况下所分组皆应在教师的视线之内（特别是低年级或自觉性相对差的班级）。

（3）分组教学安排教学内容时，教授新内容应与巩固旧知识同时进行，教学开始后先安排其他组复习巩固，教师重点关注新内容教学组，待学习到一定程度后，进行轮换。

2. 合作学习教学

合作学习教学是一种以学生为中心的教学模式，它鼓励学生在小组中共同研究和探讨问题，通过合作来解决学习中的难题。在高校体育教学中，这种教学模式同样展现出其独特的优势。

在高校体育教学中，合作学习教学可以根据学生的实际水平和兴趣，由学生自由组合成若干小组。这种自由组合的方式能够更好地激发学生的学习兴趣和积极性，也有利于形成积极向上的学习氛围。在小组内，学生可以共同研究和探讨各种体育技能和战术，通过集思广益和互相启发，更快地掌握动作要领和提高运动水平。

教师在这一过程中扮演着重要的角色，需要通过细致的观察，及时了解每个小组的学习情况和问题，并给予即时的反馈和指导。这种即时的互动和反馈机制能够帮助学生及时纠正错误，更好地理解和掌握体育技能。

合作学习教学不仅有助于学生掌握基本的体育知识和技能，还能培养他们的团队合作精神和解决问题的能力。通过小组讨论和研究，学生们可以学会如何与他人有效沟通，如何在团队中发挥自己的作用，以及如何解决遇到的问题。这些能力对于他们未来的学习和职业发展都具有重要的意义。

（六）游戏教学法

游戏教学法是指根据学生心理和教学内容的要求，把游戏作为教学内容传授的主要手段来完成课堂教学任务，达成教学目标的方法。它的主要特点是寓学习于"玩乐"，从"玩乐"中学习，课堂气氛相对活跃、宽松，师生关系平等、融洽，因而是学生普遍喜欢的方法之一。由于"好玩"是少年儿童的天性，因而对低年级学生而言，游戏教学法是较为常用的方法。教学实践表明，游戏教学法具有提高学生的学习兴趣、活跃课堂气氛、提高学生活动积极性等作用。

游戏教学法有以下要求：

（1）游戏的目的要明确，游戏内容要为实现教学目的服务，不能为游戏而游戏。

（2）游戏教学法不能过多过滥，应配合其他教学方法使用，如热身运动或放松运动可以多运用游戏教学法，而技术性较强的教学则应运用其他教学法。

（3）游戏教学法更适合发展体能的复习课或综合课，而不宜于以技术传授为主的新课。

（4）游戏教学法虽然是所有年龄段学生都能普遍适应的教学方法，但是要根据学生的心理发展水平选择使用。

（5）教师应加强引导，帮助学生养成遵守游戏规则的意识和习惯。

二、高校体育教学方法选择的分析

（一）教学方法选择的依据

科学、合理地选择和有效地运用教学方法，要求教师能够在现代教学理论的指导下，熟练地把握各类教学方法的特性，综合考虑各种教学方法的各种要素，合理地选择适宜的教学方法并能进行优化组合。

1. 依据教学目标选择教学方法

对教学方法的选择起直接作用的是教学目标，包括学期的、单元的、课时的教学目标。不同领域或不同层次的教学目标的有效达成要借助于相应的教学方法。教师可依据具体的可操作性目标来选择和确定具体的教学方法。不同的教学内容、不同的学生层次都影响着教学目标，进而影响着教学方法的选择。

2. 依据教学内容特点选择教学方法

不同学科的知识内容、对学习的要求是不同的，不同阶段、不同单元、不同课时的内容与要求也不一致，这些都要求教学方法的选择具有多样性和灵活性的特点。

3．依据学生的实际特点选择教学方法

学生的实际特点直接制约着教师对教学方法的选择，这就要求教师能够科学而准确地研究分析学生的特点，有针对性地选择和运用相应的教学方法，以适应学生的学习，进而提高学习效率。学生的实际特点主要从三个方面考虑：一是心理特征；二是知识基础特征；三是动作技能水平。

4．依据教师的自身素质选择教学方法

任何一种教学方法，只有适应了教师的学科素养条件，并能为教师充分理解和掌握，才有可能在实际教学活动中有效地发挥其功能和作用。因此，教师在选择教学方法时，还应当根据自己的实际优势扬长避短，选择与自己最相适应的教学方法。

5．依据教学环境条件选择教学方法

教师在选择教学方法时，要在时间条件允许的情况下，最大限度地运用和发挥教学环境条件的功能与作用。

教师选择教学方法的目的是在实际教学活动中有效地运用，因此应当根据具体教学实际对所选择的教学方法进行优化组合和综合运用。需注意的是，无论选择和采用哪种教学方法，目的都应是更好地教育学生。

（二）选择教学方法时应注意的问题

1．强调学生的个别差异和因材施教，突出教学的适应性

教学要适应学生的个别差异，因材施教。在教学过程中，教师要把每个学生都看成具有独特的发展个性和发育程度的不同个体，并以此为依据，允许学

生按自身的能力来获得运动技能。

2．教学方法与教学组织形式的变革相配合，突出教学的整体性

选择教学方法时并不是选择某一种单纯的教学方法，也就是说，教学方法不是孤立的，而是和教学组织形式结合在一起的，是教学方法与教学组织形式的总和。

3．以促进学生的健康为出发点，突出教学的发展性

在强调促进学生健康的同时，要相应地把教学的促进功能提到突出的位置。因此，促进学生健康就成了选择教学方法的出发点和落脚点。

4．强调学生非智力因素的培养，突出教学的情意性

在重视促进学生健康的同时，也要重视培养学生的非智力因素，力求通过教学方法的运用引起学生的学习兴趣，激发学生的学习动机，培养学生的情感，增强学生的自信心，使学生养成健康的生活方式，促进学生全面发展、和谐发展。

5．强调教法与学法的统一，突出教学的双边性

教学方法要充分体现出在教师的引导下，学生独立获取知识的特点。这既有对教学的要求，也有对学生的要求，力求两者结合，提高学生学会学习的能力。学生在掌握体育知识技能的同时，更要掌握有效的运动技巧，并依靠它们进行健身。

第三章

高校体育教学的目标与原则

第一节　高校体育教学的目标

一、教学目标概述

（一）教学目标在教学中的主要作用

教学是一种有明确目的的活动，这种目的性渗透到课堂教学之中，由每堂课的教学目标来体现。教学目标对于指导课堂教学实施具有非常重要的作用。在分析它对教学的作用之前，我们先来思考这样一个问题：假设课堂教学没有预先设定教学目标，那么整个教学过程会是怎样的？不难想象，教师的教学可能会变得没有方向，没有尺度；学生也会感到非常迷茫，不知道自己的学习方向。由此看来，教师的教学离不开教学目标，学生的学习离不开教学目标，与教学相关的活动也离不开教学目标，教学目标有着非常重要的功能。

1. 指导教师对教学过程的设计与实施

作为教学设计者的教师，一旦制定了教学目标，就可以继续确定与之相适应的教学材料、教学方法和教学媒体等。从这个角度来说，教学目标对教师设计与实施教学的确起着重要的指导作用。教学目标可以帮助教师明确教学思路，确定通过哪些途径能更好地完成教学任务，知道怎样合理地组织教学内容。例如，当一节课的教学目标是学生对常识性体育知识的掌握时，教师就可以选择"接受性学习"的教学方法（如讲授法）；当教学目标侧重于学生对运动知识的探究时，教学方法的确定就应考虑让学生开展"发现性学习"，这时的教学方法以教师的宏观指导为佳；当教学目标侧重于学生对具体事物的分类或区别时，选择直观的教学媒体就显得非常必要。比如，当一节课的教学目标是关于跑的分类及其特征的内容时，教师便可以考虑应用多媒体将各种各样的跑呈现出来。从这些例子可以看出，教学目标在教学过程设计中，尤其是在教学手段的选择中，具有决定性的导向作用。

2. 引导学生的学习进程

引导学生的学习过程，关键在于帮助学生明确学习目标，以此作为学习的方向和动力。教师应首先确保学生了解并认同这些目标，从而激发他们的学习积极性和参与感。清晰的目标能让学生更准确地把握学习内容，识别自身不足，并制订有效的学习计划。当学生明确了自己的学习路径和目标，他们将更加投入，学习效率和责任感也会随之提升。因此，引导学生的学习过程，实质上就是帮助他们树立并追求清晰、可行的学习目标。

3. 提供教学评价的依据

教学评价是教学过程的一个重要环节，是对学生达成教学目标程度的检验。要检验学生的学习情况，首先要有一个关于学习内容的评价标准。这个标准就是教学开始之前确定好的教学目标，反映学生经过一个学习过程之后应该达到的程度。教学目标是进行科学测试和做出客观评价的基础，教学评价必须以教学目标为依据。无论是实施诊断性评价还是进行形成性评价，在编制测验内容时都要以教学目标为依据。此外，教学目标还有助于学生对自己的学习情况进行评价，找出自己的学习现状与教学目标要求之间的差距，从而有针对性地调整自己的学习策略。由此看来，教学目标不但为教师评价学生提供了参照，还对学生的自我评价有很强的指导作用。

除了以上讨论的作用以外，教学目标还有其他一些作用。例如，对于学校与家长之间的沟通来说，教学目标具有重要的意义。教学目标能使家长更明确地知道子女在学校中的学习内容和进度，有助于学校与家长针对学生的学习情况进行交流。

既然教学目标如此重要，那么对于教师来说，熟知教学目标的相关理论，掌握编写教学目标的相关知识，并且针对具体教学内容确定科学合理的教学目标，应该成为教师必须具备的教学技能。

（二）教学目标的陈述

当前，高校体育教学目标陈述中存在的问题有以下几点：

1. 教学目标过于笼统、含糊

设计教学目标时常使用抽象含糊的非行为动词，如"了解""掌握""理解"等，以这些动词引导的教学目标（严格意义上说应称为教学目的），教学后无法测量是否达到了目标，应改用行为动词表述学生的具体行为，陈述教学目标。

2. 教学中将教学目标束之高阁，甚至脱离目标

有的教师设计的教学目标只是流于形式，貌似教学目标定得很全，但教学的随意性太大，并没有或未完全付诸实践。其结果是课堂教学没有完成教学目标或只达到某一方面的目标。

3．目标陈述的主体不是学生或学习结果，而是教师或讲授内容

这是体育课程标准与原高校体育教学大纲的描述方式的不同之处，也体现了两种截然不同的教学理念。例如，"通过篮球传球教学，激发学生团队配合的意识"这一目标的行为主体就是教师，而不是学生。

4．目标设计缺乏个性化

在设计教学目标时，有的教师总是沿用一些程式化的语句，缺少个性，因而教学目标显得千篇一律，缺乏生气和活力。例如，常见的目标陈述"培养学生的思维能力和创新精神"等。

二、体育与健康课程目标体系的构成

（一）义务教育体育与健康课程的总目标

义务教育体育与健康课程的总目标是使学生通过课程学习，掌握体育与健康的基础知识、基本技能和方法，增强体能；学会学习和锻炼，发展体育与健康实践和创新能力；体验运动的乐趣和成功，养成体育锻炼的习惯；发展良好的心理品质、合作和交往能力；增强自觉维护健康的意识，基本形成健康的生活方式和积极进取、乐观开朗的人生态度。

1．掌握体育与健康的基础知识、基本技能和方法，增强体能

（1）体育与健康的基础知识、基本技能和方法也可称为新"三基"，超越了课改前体育课程所强调的"三基"，即基本知识、基本技术和基本技能。

（2）新"三基"中的基本技能包含基本技术，用基本技能这一概念并不是要忽视或弱化运动技术的学习，而是强调提高学生运用技术的能力。

（3）体能是掌握运动技能的基础，也与学生的健康紧密相连。

（4）在体育与健康教学中应重视学生体能的练习，每节体育课都应该留出一定的时间，并尽量结合运动技术的教学让学生进行相关的体能练习。

2．学会学习和锻炼，发展体育与健康实践和创新能力

（1）体育与健康课程的教学不但要使学生掌握运动知识和技能，而且要提高学生的学习和锻炼能力，即引导学生学会体育与健康学习和体育锻炼，为学生的终身体育奠定良好的基础。

（2）在体育与健康教学中，要高度重视学生的自主学习、合作学习和探究学习，提高学生的体育与健康学习能力。

3．体验运动的乐趣和成功，养成体育锻炼的习惯

（1）运动只有给学生带来快乐，才会促进学生主动参与，并有助于终身体育意识的形成。

（2）一定要转变这种观念，即一提到让学生在体育学习中获得快乐，就批评"快乐"，就大讲特讲要培养学生的意志品质和刻苦学习的精神，将学生"获得快乐"与"意志品质和刻苦学习精神培养"人为地对立起来。

（3）这个目标所讲的体验成功主要不是强调学生之间的相互比较所获得的成功感，而是强调自我的比较，看自己是否通过努力在原有的基础上获得进步和发展。

4．发展良好的心理品质、合作和交往能力

（1）体育运动不仅有助于增进人的身体健康，对人的精神和品质的影响也是很大的。这就是我们常说的体育既能育体，也能育人。

（2）在高校体育教学中，不仅要重视运动技术技能的教学，更要重视运动技术技能教学背后体育对学生精神的培养以及对学生精神面貌的改变。

5．增强自觉维护健康的意识，基本形成健康的生活方式和积极进取、乐观开朗的人生态度

（1）这一目标既是"健康第一"的指导思想的重要体现，也是体育与健康课程追求的崇高目标。

（2）义务教育阶段，体育与健康课程不管是体育方面的教学还是一些健康教育内容的教学，都是为了增强学生的健康意识，促进学生健康生活方式的逐步形成，并使学生具有积极进取、乐观开朗的人生态度。

（3）在体育与健康教学中，无论是学习目标的设置，还是教学内容和方法的选择，都要有助于学生健康意识和生活方式的形成，并使学生形成积极进取、奋发向上、顽强拼搏、勇攀高峰的精神。

（4）学生健康意识和生活方式的形成仅仅靠高校体育教学是不够的，要由健康教育教学辅助。高校体育教学与健康教育相辅相成，共同促进学生的健康发展。

（二）体育与健康课的目标

1．运动参与

（1）参与体育学习和锻炼。

（2）体验运动乐趣和成功。强调高校体育教学过程中要通过丰富多彩的内容、形式多样的方法促进学生达成运动参与的目标，变被动参与为主动参与。

2．运动技能

在大学阶段的体育教学中，应注重运动技能的进一步提升和对体育理论知识的深入学习。专业化的体育教学能够使学生熟练掌握一至两项运动技能，提高他们在特定运动项目上的竞技水平。同时，要加强对运动科学、训练原理、

营养与恢复等理论知识的教学，帮助学生建立科学的运动观念，为他们未来的自主锻炼和健康管理打下坚实基础。

大学阶段的体育教学还应着重培养学生的团队协作精神和竞争意识，通过组织校内外的体育竞赛和活动，提供给学生更多的实践机会，让他们在比赛中磨炼技能、增强信心、培养毅力。同时，要关注学生的运动安全和健康，加强运动损伤预防和应急处理能力的教学，确保学生在运动中的安全。

大学阶段的体育教学旨在培养学生的终身体育锻炼习惯，让他们在大学期间形成的良好运动习惯能够伴随其一生，为未来的工作和生活注入更多的活力与健康。

3．身体健康

（1）掌握基本的保健知识和方法。

（2）塑造良好的体形和身体姿态。

（3）全面发展体能和健身能力。

（4）提高适应自然环境的能力。

4．心理健康和社会适应

（1）培养坚强的意志品质。

（2）学会调控情绪的方法。

（3）形成合作意识与能力。

（4）具有良好的体育道德。

运动参与、运动技能、身体健康、心理健康和社会适应五个方面是一个有机联系的整体，各个方面学习的目标主要通过身体练习实现，不能将其割裂开来进行教学。

三、高校体育教学目标的设计

（一）设计高校体育教学目标的一般原则

设计高校体育教学目标应遵循以下原则：

1．一致性原则

高校体育教学目标是体育课程目标的具体化和行为化。因此，高校体育教学目标必须与体育课程目标保持完全的一致性，以使高校体育教学目标在高校体育教学的全过程中得以贯彻和完成。

体育课程目标，即知识与技能、过程与方法、情感态度与价值观三个领域构成的一个完整的目标体系。因此，在设计教学目标时，要注意目标系统三个层面的完整性和一致性。

2．层次性原则

由于高校体育教学目标的学习水平随着学习的深入而逐步提高，因此，纵向上就有了高层次目标中包含低层次目标的关系。例如，动作练习目标"练习篮球急停跳投"中就包含着篮球运球、传球，中轴脚的使用等低层次目标。从横向上看，不同学习者的个体差异也使其在达到的目标上存在着不同。体育教师在设计教学目标时，也要注意这种多层次的要求。

3．操作性原则

在高校体育教学过程中，教学目标要能直接指导教学，对教与学的活动均有准确的测量标准，尤其对结果性的学习目标应依据具体性原则设计出明确、可测量、便于操作的行为目标。

4．难度适中性原则

高校体育教学目标是高校体育教学活动的出发点和归宿，必须符合学生的实际水平。高校体育教学目标的难度应控制在学生的最近发展区，应该是学生经过学习和努力可以达到的目标。低于学生实际水平的教学目标不利于提高学生的智力和培养学生的能力；超出学生实际水平的教学目标则无异于揠苗助长，不利于学生身心的均衡发展。因此，设计高校体育教学目标必须认真分析学生的现有水平，即学生的起点行为，并且要对学生的群体做基本分析，据此确定教学目标的难度。在目标层次的分解上兼顾全面，为进一步教学设计奠定基础。

（二）体育课教学目标设计的实践

1．高校体育教学目标的设计过程

根据凯普的观点，一般高校体育教学目标的设计过程可归纳为六个步骤：确定目的、建立目标、提炼目标、排列目标、再次提炼目标、做最后的排列。

（1）确定目的：目的是抽象的，可能包含多方面的内容，它为教学目标指明方向。

（2）建立目标：针对目的中的一个具体方面建立一系列的教学目标。

（3）提炼目标：将教学目标进行分类，把重复的目标去掉，整合相似的目标，使模糊的学习目标具体化。

（4）排列目标：按照一定的标准（重要程度或先后顺序等）将目标进行排序。

（5）再次提炼目标：根据实际情况，再次确定目标存在的价值并进行取舍。

（6）做最后的排列：从整体上做实施前最后周密的安排，然后用于实践。

2．制定行为目标的要求

（1）界定出具有可观察的学习结果。

（2）陈述发生预期学习的条件。

（3）明确规定标准的水平（表现目标）。

3．目标叙写的要求

（1）目标必须是分层次陈述的。

（2）行为目标陈述的两类基本方式：结果性目标陈述方式和体验性目标陈述方式。

（3）行为目标陈述所具备的要素：具体目标、产生条件、行为标准等。

（4）行为主体应是学生，而不是教师。

（5）行为动词应尽可能是可理解的、可评估的。

（6）必要时，附上产生目标指向的结果行为的条件。

（7）有具体的表现程度。

4．设计举例

制约高校体育教学目标制定的主要因素：要全面反映教材的内容构成、要突出教学重点、要体现体育课程标准的要求、要考虑和反映教学目的。

依据凯普的理论，并根据体育学科的特点，以及教学目标设计的原理，我们编制了一些适合于体育学科内容的、简洁化的、操作性强的教学目标设计模型，以此来简要说明高校体育教学目标的设计过程，如表3-1、表3-2所示。

表3-1　理论课教学目标设计模型

课题	教学内容						学习水平						教学目标
	知识点	构成					识记	理解	应用	分析	综合	评价	
		知识			能力								
		事实	概念	原理	观察	推理							

续表

课题	教学内容						学习水平						教学目标
	知识点	构成					识记	理解	应用	分析	综合	评价	
		知识			能力								
		事实	概念	原理	观察	推理							

表 3-2　实践课教学目标设计模型

课题	知识				观察练习			教学目标
	知识点	学习水平			项目	练习水平		
		识记	理解	应用		初步学会	学会	

（1）分析本节课知识与技能的内容及学习水平。

（2）分析本节课过程与方法的内容及学习水平。

本节课的"过程与方法"环节，主要包含了练习过程，以及练习、观察、分析和讨论等多种教学方法。这些方法的综合运用，旨在通过实践操作和思维训练，帮助学生更好地理解和掌握课程内容。

（3）分析本节课情感、态度与价值观的内容及学习水平。

本节课情感、态度与价值观的内容为注重调动学生的练习兴趣，加强与学习、生活的联系；学习水平为感受或认识。

需要说明的是，上述三大领域（尤其是后两个领域）在每一节课中不一定全部涉及，需根据教学任务分析决定，有则设计，无则免之，不要牵强附会，一味地追求教学目标设计的完整性和格式化，这样势必会走入新的误区。

（4）目标设计。

①知识与技能。学生能对照本节课学习内容说出动作的名称及操作要点；能解释完成体育动作的方法和原理，并初步完成动作；能初步解释所学知识的定义以及作用，并尝试分析具体问题；能准确说出动作的概念，并说出其与其他动作的明确区别。

②过程与方法。初步学习有关器材的使用方法；通过不断的练习体验体育动作完成方法的科学性。初步认识观察—分析、讨论—归纳、总结—理解、运用的科学方法过程。

③情感、态度与价值观。创设运动健身的问题情境，丰富学生的科学体验，激发学生探究的兴趣和学习体育的动机；提供信息，开展讨论，拓宽视野，使学生认识到体育与生活和人类生存的密切关系。

除此之外，还可以根据学生的不同特点和体育行为设计出不同的课时目标，也可以在学习的内容上做比较大的变动。总之，具体的教学目标设计一定要符合学生的认知水平和能力水平。

第二节 高校体育教学的原则

一、体育教学原则的认识

（一）体育教学原则的概念

从我国教学论发展来看，教学原则的概念引进始于西方教学论。教学原则的概念问题是属于教学原则本体论范畴的根本问题，它直接影响人们对教学原则的深化和发展。"原则"一词在汉语中通常指"观察问题，处理问题的准绳"，其英语 principle 中含有指导原理、基本要求的意思。因而在教学论中，通常把教学原则定义为对教学的基本要求和指导原理。笔者在对现行的教材、参考书和主要论文中关于教学原则的概念进行审视后，发现其观点和说法不尽相同。

关于教学原则概念的学说主要有以下五种：

1. "要求"说

把教学原则界定为教学的一般（或基本）要求，典型表述为"根据教育教学目的，反映教学规律而指导教学工作的基本要求"。论者直接指出，"在我国教学论界，这种理解差不多是大家公认的"，支持和同意这种观点的大有人在。

"要求"说之所以在我国教学论界颇有影响，是有其深刻而长远的历史渊源的。作为具有相对独立形态的教育学诞生的标志——夸美纽斯的《大教学论》产生之始就已明确提出来了。赫尔巴特虽然没有直接提出"教学原则为教学要求"，但从他以"管理"为主要教学方法的思想中可以推断出他也持此观点。

与之一脉相承的凯洛夫等也是此说的拥护者和发展者。中华人民共和国成立之初，我国又全面学习苏联的教育学，这种影响是显而易见的。

这种"要求"说，其实反映了我国教学论界当时对教学原则的研究水平和认识程度，还处在经验归纳和主观制定教学原则的知性思维阶段。"要求"说在教学论的形成与发展过程中，在规范和监督具体的教学活动，保证系统知识传授和提高教学质量方面曾发挥了巨大的作用，这是历史已经证明了的。但这种指令性十足的说法也越来越暴露出它的弊端和局限。第一，过分强调教学原则的形式方面，缺乏对原则内涵的深刻揭示和整体把握，因此从概念中映射出明显的片面性和空泛性。第二，教学原则的提出和制订侧重于主观经验总结，而且其所指主要体现在教师或教的方面，忽视学生或学的方面；只重视知识的传授，忽视能力、情感、意志、审美的养成，成为长期以来滋长和形成"注入式"教学模式的温床。第三，抽象概括程度低，经验主义的指令痕迹明显，主观随意性大。如果把教学原则看作"基本要求"推下去，那么教学过程中的"基本要求"实在太多、太泛了，如"上课不许大声喧哗"的要求，"注意听讲，不要搞小动作"的要求等，而且这些是最"基本的要求"，难道这能算作教学原则吗？可见，教学原则作为一个科学概念，从外延上讲，把"要求"作为它的"属概念"失之过宽；从抽象概括的角度讲，又失之过"浅"。

2．"规则"说

我国研究者持"教学原则为指导教学活动的规则"的观点的人较持"要求"说的人要少得多。因为人们已认识到，"规则"说虽然在规范具体教学活动中师生的实际操作方面有一定的作用，但它是把上述的"要求"说更加具体化、操作化，有着明显的狭隘性和肤浅性的局限，许多研究者对教学原则与教学规则作了区分。"规则"说的首创者是德国教育家第斯多惠，他把教学原则看作"一种规则"，并分别论述了有关学生和教学主体、有关教材和教学客体以及适应外在条件、时间、地点、情况等的三类教学规则。这可能是我国部分研究者的理论基础。

3．"策略"说

把教学原则界定为一种教学策略或学习策略的观点，在我国教学理论界并不多见。有论者虽然把教学原则看作对教学过程中教与学双方活动提出的"行动策略"，但采取了折中的"策略"，即认为"行动策略"和"概括性要求"可以互相替换。把教学原则与教学行动策略等同似乎不妥，因为教学策略是较教学原则低一层次的东西，教学策略的设计与制订同样应遵循教学原则。

4．"原理"说

把教学原则的概念界定为"原理"较为合理。持这种观点的人不少，有的论者从"原则"与"原理"的语义分析，第六版（2009）《辞海》对原则的解释为"观察问题、处理问题的准则"，对"原理"解释为"科学的某一领域或部门中具有普通意义的基本原则"。在英文中，principle 为"原则"，即"basic turth; general law of cause and effect"（原理，准则）。由上可知，"原则"与"原理"的意义相同。有的论者从"教学原则"与"教学原理"的关系辨析中论述了"原理"说的合理性。论者还驳斥了把"教学原则"排除在"教学原理"之外的观点，并指出，教学原理包含教学原则，教学原则是教学原理中应用原理的部分。

5．"要求—原理"说

这种观点把教学原则界定为教学的一般（基本）要求和指导教学活动的原理结合。这可能是一种避开"两极"、恢复"中道"的折中观点，也可能反映了论者强烈地想把有主观倾向的"要求"上升为"原理"，却又瞻前顾后的良好愿望。"要求—原理"说较早地出现在原上海师范大学编写组编写的《教育学》中。这种观点在一种程度上反映和揭示了教学原则的本质和特点，如揭示了教学原则形式上的主观性和在内容上的客观性统一的属性，有其合理的成分，但在表述上将经验性的"要求"和理性的"原理"并列在一起，是欠科学的。此外，还有论者认为教学原则是一种权威性的理性规范，即以一定的价值原理为指导，在总结教育实践经验的基础上形成的教育工作应当遵循的权威性的理性规范。

（二）教学原则的性质及特点、地位及作用

1. 教学原则的性质

从教学原则的归属性上来说，教学原则的性质有以下四点。

（1）规范性。教学原则是规范性知识，即有关教学行为的标准、准则方面的知识。

（2）理论性。教学原则虽具有规范性，但它并非具体的方法，虽指导实践但并非实践本身，它仍是观念形态的东西，仍具有理论的色彩。

（3）时代性。因为教学原则受制于教学目的，而教学目的是与所处的时代和社会背景有关的；又因为教学原则与我们对教学规律的认识有关，与所处时代的认识水平有关；还因为教学原则虽指导教学实践，反过来也与所处时代人们的教学实践水平有关，所以教学原则具有时代性。

（4）多样性。理论的东西本应具有一定的稳定性，但由于时代性，其稳定性是相对的，其多样性是相对于其稳定性来说的，多样性还来源于人们认识的角度不同，甚至描述方式的不同。

2. 教学原则的特点

对教学原则特点的认识有助于进一步全面认识它的性质，但专门对教学原则的特点做出详尽论证的人并不多，这里举两个有代表性的观点。有的论者归

纳概括出教学原则的六个特点，即历史具体性（时代性）、历史继承性、主客观统一性、理论和实践的统一性、多样性和互补性（各教学原则与教学原则体系之间相互独立、补充）。也有论者着眼于现代教学原则体系的科学构建，总结出现代教学原则的七大特点，即周全辩证性、系统完整性、抽象概括性、普遍实用性、扩充发展性、时代超越性和科学构建性。上述两种观点是从不同着眼点对教学原则的特点做出的探讨，相比较而言，前者着重指明了教学原则的本体属性，对教学原则性质的认识较为深刻；后者着重描述了教学原则及其体系的现代性特征，突出了教学原则的全面系统性。前者可视作教学原则的经典性认识，后者可视作教学原则的发展性认识。

3．教学原则的地位与作用

教学原则的地位与作用是由其概念及属性决定的，对教学原则概念与属性的不同认识直接关系着人们对其地位及作用的认识。关于教学原则的地位与作用，总体上有两种不同的观点：第一种观点认为教学原则的存在没有必要。其理由是教学原则是"赘瘤"，应"大刀阔斧地砍掉"，只需要按教学过程和教学方法两个层次来组织教材。因为教学原则除了重复教学过程、教学方法、教学组织形式的内容外，本身并没有独特的教学内容，这种观点也确实指出了教学原则内容中某些前后重复、雷同和条目林立混乱的缺陷，但把已经存在几百年并在教学实践中发挥过和发挥着重要作用的教学原则"统统枪毙"的极端做法，我们不敢苟同。

第二种观点，也是绝大多数人的观点，认为教学原则的存在很必要，其主要理由有如下四点。

（1）教学原则是教学论的重要范畴。从历史上讲，自夸美纽斯的《大教学论》问世，确立教学原则在教学论中的重要地位至今的300多年时间里，教学原则在教学实践中发挥的作用是巨大的。从教学论的体系结构上讲，教学原则一直处于教学基本理论向教学方法和教学组织实施的过渡的关键位置，成为教学论体系的重要组成部分。

（2）教学原则是沟通教学理论与教学实践的桥梁和中介。因为它是主观性与客观性的统一，成为人们有效地开展教学活动和设计教学方案的根本依据和完整蓝图。

（3）教学原则还是进一步深化和发展教学理论的环节。论者从教学本质（或规律）与教学原则的辩证递进关系中探明了教学原则对教学理论深化和发展的作用，提出"初级本质（或规律）—初级原则（实践）—二级本质（规律）—二级原则"的理论演进路线。

（4）教学原则能促使教学矛盾向积极方面转化，即理论形态条件向现实条件转化、一般条件向具体条件转化、静态无序向动态有序的转化。

根据第二种观点，人们认为教学原则作为教学工作的基本要求和教学规律的具体体现，对教学工作具有指导作用。教学原则带有很强的实践性，而且具有坚实的理论依据。它从对教学规律的认识中得出指导教学实际工作的结论，提出有效的行动要求。在整个教学活动中，教学原则既是教学活动的出发点，又是教学过程的总调节器。它在一定程度上具体决定着教学内容的安排、教学方法的选择和教学组织的运用。无论是从纵的方面还是从横的方面来看，教学原则涉及的面都很宽。因此，学习和掌握教学原则，能使我们按照教学的客观规律组织教学活动，正确解决教学内容、教学方法和教学组织形式等一系列理论与实践问题。遵循教学原则进行教学工作就能提高教学质量；违背了教学原则，就会降低教学效果，甚至劳而无功。

（三）教学原则与教学规律、教学规则的关系

许多论者在认识教学原则的性质和特点时，均对教学原则与同它相关的概念术语进行了区分。关于教学原则与教学规律、教学规则的关系，多数论者认为，教学原则是根据教学规律制定的，属于规范性和应用性知识。教学规律则反映教学中诸要素、环节之间的实体关系，属于本体性的存在知识。教学规律是客观的，存在于我们的意识之外，但人们在认识它的时候是必定会有主观参与作用的，因此实际呈现在人们面前的具体论述又是主客观的某种结合。

教学原则是主观制定的，但如果在制定时又正确地依据了对教学规律的客观认识，那么它在某种程度上也是主客观的结合。困难在于还不能说我们已穷尽了对教学规律的认识，尽管从理论上说它应当是客观的，但实际上是否客观地认识了它却是另外一回事，人们又总是根据自己对教学规律的某种认识（不一定正确反映了客观的认识）来考虑和制定教学原则。这样，如果人们对于教学规律的认识偏离了客观实际，那么，其所制定的教学原则大半会有这样那样的毛病；然而，即使对于教学规律的认识比较符合客观实际，所制定的教学原则未必一定是正确的。关于教学原则与教学规律、教学规则的关系，我们从分析中可以看出，教学规律是人们对教学过程本质的认识，而教学原则是根据教学规律制定的，教学规则是根据教学规律和教学原则制定的；教学规律是客观存在的，教学原则和教学规则都带有主观性；教学规则较教学原则更具体，更具可操作性。

二、高校体育教学的主要原则

（一）全面贯彻教授、学习、研究三者同步协调原则

（1）教师的教与学生的学应同步协调，即师生共同参与知识发现、技能形成的过程。具体来说，首先，精心设计，层层设问。教师要深入钻研，吃透教材内容，深刻体会和掌握本学科各知识间的内在联系，从学生已有的知识出发，精心设计，层层设问，通过提问促使学生积极参与、积极思维，获得新的知识。其次，注意信息反馈，及时调节教学方式。教师要善于捕捉学生的反馈信息，利用反馈信息来调控信息传递系统。教师要始终注视着学生，注意观察学生的面部表情、眼睛和动作。教师应随时根据反馈信息调整教学内容、练习、速度以及语言，以决定是否重复讲解与示范，这样方可收到良好的效果。

（2）教师应经常研究教材与方法，适时地把自己的心得体会与研究成果运用到教学中，为学生提供探究的素材。

（3）在教学中，教师应鼓励学生对问题进行研究、探索，自己设问或自由提问。在这个过程中，学生的参与意识得到进一步实现，学生的人格受到应有的尊重，思想上受到启发，其学习积极性和自信心就会大大提高。

（二）辩证运用通俗化原则

通俗，就是讲课时尽量采用通俗易懂的语言，深入浅出地讲清比较深奥难懂的教学内容，起到化难为易、易记易用的作用。一种知识是否容易理解，在一定程度上取决于讲授的方式。

美国心理学家布鲁纳认为，任何学科的基本原理，都可以用某种形式教授

给任何年龄的任何人。但在通俗的基础上，一定要注意内容的科学性，尽量使用准确的语言，切不可为了通俗性而失去准确性。教学中需要两种语言：一是科学语言；二是通俗的口头语言。这两种语言交替使用、互相补充，有利于取得好的教学效果。

（三）巧妙运用趣味性原则

大学生有着强烈的好奇心和求知欲，充满想象力。教师应以有趣味的内容充分调动学生的兴趣。体育教师在课堂教学中，应联系教学内容，经常有选择地介绍一些生动形象的逸闻趣事、具有挑战性的问题以及生动形象的动作示范等，以激发学生的学习兴趣，使学生产生求知欲。

趣味性原则要求在形式上自由、灵活，提倡寓教于乐。趣味化教学让学生在兴趣盎然的状态下、在生动活泼的课堂气氛中学习，在教师的引导启发下动手、动脑、动口。

（四）共同投入理性情感原则

共同投入理性情感，即体育教师和学生在课堂中不仅要运用科学的方法去健身，而且要投入感情来完善人格，从而使体育课堂教学成为充满生机的学习过程。

1. 在课堂中要有力地激发情感

通过提出问题、解答问题等环节，学生的期望能出乎意料地得到满足，从而激发出学生高度愉悦的学习情绪。一个优美的动作、一个有趣的问题、一个生动的故事都能有效地激发学生的情感，使学生陶醉在愉悦的氛围之中；也可运用美的事物、语言、动作、方法等去激发学生的学习热情。

2. 在课堂中要细心地培养情感

学生原有的需要得到满足后，应不断地促使其产生新的需要，提高学生的学习情绪，如教学中善于设疑、激疑，巧设悬念，留有思考余地，让学生去思索、去尝试，为学生创造条件。

教师要通过自己的讲授把学生的情感调节到恰到好处的状态，适当地控制情感，做到有张有弛，这是课堂讲授进入艺术境界的重要手段。

总之，这四个原则构成一个统一的整体。教学、学习、研究同步协调，既教猜想又教证明原则是最高原则，贯穿于整个高校体育教学的始终。在这些原则的指导下，教师应根据自己的特长选择教学方法，创造有感情的学习环境。把真才实学地教、真情实感地爱与真心实意地帮结合起来，使体育课堂教学真正做到以理服人、以情动人，从而进入较高的教学艺术境界，达到教书育人的目的。

第三节　高校体育教学原则的补充与完善

补充与完善高校体育教学原则的主要依据：①坚持历史唯物主义，在继承传统高校体育教学原则的基础上吸收精华，对其进行完善；②从现代高校体育教学实践经验中进行总结和提炼，新一轮基础教育课程改革和《体育与健康课程标准》的实施促进了高校体育教学思想的转变和教学实践的发展；③在母学科先进教学原则理论与高校体育教学特点和规律的结合中进行逻辑推理和演绎，尽可能提出高校体育教学特点的"本体"教学原则；④在高校体育教学中体现新课程改革和《体育与健康课程标准》的要求和特征，要注意从学生的逻辑起点来补充与完善原则，在表述时抓住矛盾的主要方面，力求做到教学原则与教学思想、教学目标、教学方法的区分。

　　根据以上补充与完善高校体育教学原则的主要依据，根据《体育与健康课程标准》的理念和坚持长时间探索，实现学校体育的功能等指导思想，应淡化"竞技运动"的教学模式，重视体育课程的功能开发，增强体育课程的综合性，增强身心的统一性，培养学生的运动兴趣，使学生树立终身体育的观念，培养学生的意志品质，提高学生的社会适应能力，重视学生的主体地位，评价应有利于全面发展学生的身体素质、有利于促进学生积极锻炼。针对传统高校体育教学原则的缺点，依据现代教育理念和教学规律补充完善如下高校体育教学原则：健康性原则、主体性原则、兴趣性原则、创新性原则、为终身体育打基础原则、多元评价教学原则。以下简要介绍健康性原则和兴趣性原则。

一、健康性原则

（一）健康性原则的概念

　　健康性原则是指在高校体育教学中必须围绕增进学生健康这一目标来开展教学。从教学内容的确定到体育教材的选编，从教学方法的选择到教学手段的运用，都将渗透这一原则。在高校体育教学中，教学的重点不仅指向学生的身体的发展，更要指向学生的心理发展与完善，促进学生身心协调健康发展，过去高校体育教学偏重于生物观，现在更要从心理的、社会的、生物的观念去全面认识高校体育教学。

（二）健康性原则的依据

1. 健康观念不断发展的要求

健康的内涵是随着社会的发展及人们自身对健康的认识的逐步提高而不

断地扩大的。在人的意识里，最初认为作为一个生物人，健康无非是生理方面的健康，即体质很好，生长发育正常，没有疾病，这就形成了单纯的生物健康观。后来人们认识到心理方面的健康也很重要，健康的人必须是智力发育正常，精神、情绪、意识方面处于良好的状态，于是就提倡身心健康全面发展。后来发现还不够，又加上了社会学的属性，如善于与人合作、集体观念、对社会的适应能力等，最后形成了集生理、心理、社会三种属性为一体的三维健康观，三种属性相辅相成，相互促进，不可分割。世界卫生组织对健康的定义也是建立在三维健康观的基础上，提出健康不仅仅是指没有疾病或不虚弱，而且生理方面、心理方面、社会适应方面完全处于良好状态。笔者对健康的概念在中学生中进行了问卷调查，调查学校体育是教育的重要组成部分，是促进学生健康发展的重要手段，理所当然要坚决树立健康性原则，责无旁贷地对健康承担自己所应承担的那部分责任。在学校体育教育领域，一度占据重要位置的自然教育、技术教育、体质教育与竞技教育的思想观念指导下的体育教育工作偏离了增强体质、增进身心健康的体育教育的核心方向。其原因多种多样，但究其根本，主要是这些思想观念在特定的社会环境下虽然对学校体育教育产生了一定的积极作用，但其自身难以克服的局限性使之不能适应现代教育的需要。归根结底是其不同程度地忽略了高校体育教学必须以育人为出发点和归宿，所以，有必要对传统的高校体育教学观念重新认识、批判继承，便于转变观念，从根本上进行学校高校体育教学改革。

2. 人与社会协调发展的客观要求

中共中央、国务院 1999 年发布的《关于深化教育改革 全面推进素质教育的决定》中指出："健康体魄是青少年为祖国和人民服务的基本前提，是中华民族旺盛生命力的体现。学校教育要树立健康第一的指导思想，切实加强体育工作。"这是教育整体改革的重要方向，更是学校体育工作的重心。尽管我国青少年的健康水平较中华人民共和国成立之时有了极大的提高，但国家在改革开放的新时期，对青少年的健康又提出了新的要求，同时赋予了健康新的内涵，即身体、心理、社会和谐统一的健康观。如果说当时提出这些号召是社会现实使命的话，那么现在提出健康性原则更离不开当今社会发展的需要。无论是社会主义现代化建设还是改革开放，都离不开生产力中"最革命、最活跃的因素"——人。

社会进步是以科学技术发展为客观标志的，而科学技术发展的关键因素是掌握一定科学技术的人。现代社会的高度发展对人的健康提出了严峻的挑战，生产的高度社会化在很大程度上剥夺了人们从事体力劳动的机会；从交通工具的完善到现代通信手段的普及，从办公自动化到信息资源的无限扩充，人们从繁重的体力劳动中解脱出来的同时也诱发了"文明病"的蔓延。这一切反映了整个社会生产发展不再直接依附于人的体力因素，而转向智力因素的基本特征；社会所需要的人首先是健康的，而不仅仅是体力发达。

3．素质教育的基本要求

1985 年中共中央《关于教育体制改革的决定》指出，教育要为我国的经济和社会发展培养各级各类合格人才，而合格人才的集中反映是全面发展，全面发展所包含的内容有体育、智育、德育、美育、劳动技术教育等。因此，作为教育的重要内容，体育在教育中必将担负起发展学生身体，增强学生体质的任务，而强健的身体不仅是实现智育、德育、美育、劳动技术教育的手段，也是教育本身所追求的目标之一。

素质教育是以促进人的身心和谐发展、提高人的综合素质为目的的。素质教育的提出进一步肯定了学校体育的作用。身心素质是公认的基本素质之一，因此学校体育必然成为素质教育的重要内容。把健康性原则作为学校体育的教学原则，不仅强化了素质教育在学校体育中的地位，也是对素质教育的重要补充。

4．学校体育目的所在

健康性原则既是学校体育的出发点，也是学校体育的归宿，是衡量学校体育成败的基本标准。心理健康性原则是实现广大学生体质状况的明显好转、提高 21 世纪祖国建设者和保卫者的身体素质等目标的理论前提。健康性原则是对整个学校体育体系提出的一个基本要求，也是全体学生全面发展的基础，贯彻落实健康性原则也是对学校体育任务的一个高度概括。学校集中了数以亿计的未来社会的栋梁，他们所需要的健康体魄必须在学校里打下坚实的基础，而学校体育正是保证他们拥有强健身体的有效手段。同时，学校体育目标与健康性原则有必然的一致性，健康所包含的身心和谐发展也是体育的根本目标。

5．高校体育教学目标的内在要求

高校体育教学活动的开展要围绕高校体育教学目标进行。在新颁布的《体育与健康课程标准》中，根据三维健康观和体育本身的特点以及国外体育课程的发展趋势，将不同性质的学习内容划分为运动参与、运动技能、身体健康、心理健康和社会适应五个方面，规定了体育学习领域的目标，这五个领域实际上由两条主线构成：一条是运动主线，包括运动参与和运动技能；另一条是健康主线，包括身体健康、心理健康和社会适应。

（三）贯彻健康性原则的基本要求

1．重构学校体育内容

从客观上分析，学校体育包括高校体育教学、课外体育活动（包括早操、课间操、课外体育锻炼、运动训练和竞赛）等内容，其中高校体育教学是学校体育的重心，但在实际操作过程中，由于高校体育教学组织和评价的复杂性，学校体育的评价中突出的是运动训练和竞赛（特别是竞赛）这一在评价中最具客观性的内容。因此，各类学校将重点转移到运动训练和竞赛方面来，与之相适应的各类竞赛活动呼之欲出，本是用来促进学校体育发展的运动会反而成了学校体育发展的阻碍因素，各级各类学校投入大量的人力、物力和财力来应付各类竞赛活动，而使学校体育的重心——体育教学和课外体育锻炼被忽视。作为学校体育的组成部分（形式），体育课对贯彻健康性原则只能起一个引导作用，而运动训练和竞赛不可能照顾到绝大多数学生。因此，学校体育的重心应由高校体育教学或运动训练转向课外体育锻炼。各级教育（体育）行政主管部门应加大对这方面引导和管理的力度，从教材选编、组织管理、评价等多方面加以指导。

2. 改变传统的教学模式

无论哪种形式的高校体育教学改革都没有从根本上改变过去那种"传习式"的教学方式，改变的只是教学手段、教学组织形式等方面。要使教学变成"学生要学什么，教师就教什么"这种教学模式，学校体育的重心应由课堂体育教学转向课外体育活动，让学生有更大的自由度，有更大的自由选择内容、方法、手段的空间，使学生学会1～2项终身享用的体育项目。因此，高校体育教学应为课外体育活动服务。长期以来，课外体育活动成了课堂体育教学的补充和延伸，严重影响了学生积极参与课外体育活动的主动性。

健康性原则要求的对象是学生，而不是教师。贯彻健康性原则要体现在学校体育的整个体系中，而不是其中的某个方面。目前，我们的学校体育不管是教材选编还是组织管理、评价等方面，考虑的大都是教师要求怎样，对学生只是满足达到怎样的一个身体评价指标和运动技能要求。这种追求所谓客观、量化的标准，在某种程度上具有促进学生练习的积极作用，但更多的是使学生产生一种以这个量化标准为目标的思想，影响了学生的长期发展。因此，要贯彻健康性原则，就必须促使学校体育的重心由高校体育教学向课外体育活动转变。学生的体质、身心健康应成为衡量学校体育卫生工作质量的最重要的指标。

3．面向全体学生

作为被教育者，每一个学生都享有接受教育的权利；作为学校教育，一部分的学校体育也不例外，需要面向全体学生，健康性原则更是要求学校体育的对象是全体学生。长期以来，学校教育以应试教育为主，应试教育的实质是一种精英教育，在教育过程中不断淘汰落后者，学校体育也不例外地受其影响。学校体育以竞技运动为主体内容，从教学内容的选择、教学方法的运用到学校体育工作的评价，都是以竞技运动为主要标志，特别是将运动竞赛成绩作为衡量一个教师、一所学校体育工作成绩的主要评价指标，使得体育教师和学校将大量的精力投入运动训练和竞赛方面上来。对绝大多数学生而言，掌握相关的竞技运动技术固然必要，但事实上，他们并不是都有掌握那些可望而不可即的运动技术的欲望。竞技运动难度大、要求高，使学生对体育课有一种畏惧的心理，而且对学生的健康成长也不一定是有利的。面向全体学生，教师和学校不能对每一个学生都用同样的要求或标准，而是要根据学生的实际健康水平和身体情况，有针对性地运用不同的教学手段。与此相适应，竞技运动训练和竞赛也应根据不同的运动水平来安排，使广大学生都能体验到运动竞赛的乐趣。同时，学校应转移体育重心，使学生们在课外体育活动中不仅体验到运动的乐趣，更能使学生们得到健康的身体。

二、兴趣性原则

（一）兴趣性原则的概念

兴趣性原则是指在高校体育教学过程中，要充分激发和培养学生的体育兴趣，在体育实践中有意进行强化、引导，充分挖掘学生的体育潜能，使这种动力保持长久，形成坚持锻炼的习惯和终身体育的意识，以使高校体育教学顺利进行，圆满完成教学任务。

（二）兴趣性原则的依据

1．学生本身的内在需求

兴趣是人们积极地接触、认识和探索某种事物的心理倾向。这种心理倾向表现为对某种事物的预先注意和积极、肯定的态度以及力求去认识，而体育兴趣就是积极认识体育运动或从事体育运动的心理倾向。德国教育家第斯多惠说过：教学的艺术不在于传授本领，而在于激励、唤醒、鼓舞。兴趣是最好的老师，学习兴趣直接影响着学生的学习行为和效果；学生能否通过对体育与健康课程的学习形成体育锻炼的习惯，兴趣发挥着非常重要的作用。传统高校体育教学模式虽然也能完成教育的基本任务，但在激发学生的体育学习和活动的兴趣、促进学生主动参与体育活动方面却很难说有多少积极的作用。

2．学习理论

在心理学中，学习是一个含义极广的概念，表现形式可谓多种多样。例如，小孩练习行走穿衣、牙牙学语是学习；科学家的创造发明是学习；学生在学校里系统地掌握知识、技能，形成良好的态度和行为习惯，培养高尚的情操和道德品质等，更是一种有目的、有指导的学习。可是，学习到底是指什么呢？国外不同的心理学派有不同的回答。

以桑代克·赫尔为代表的刺激反应理论认为，学习是 S-R（刺激—反应）的结合。以苛勒·考夫卡为代表的格式塔理论认为，学习是个体对情境的理解，是对零碎知觉信息的再组织过程。以托尔曼·布鲁纳为代表的认知理论认为，学习是对环境中的刺激，依其关系形成的一种新的认知结构的过程，是意义的获得和实现期望的过程。日本学者松井三雄则认为，学习是一种为了适应新环境和提高适应水平，依据先前的经验改变行动形态的过程。

近年来，随着对学习心理研究的不断深入，人们比较倾向于接受这样的学习定义："学习是由经验引起的比较持久的行为变化。"而所谓行为，除了能观察到的外部活动，如表情、动作和言语外，还包括潜在的内部活动，如思维、能力、个性倾向等。这个定义尽管引起了人们的重视，但至今还远未被人们普遍接受。不过，如果我们对这个定义仔细地进行分析，对理解什么是学习也有一定帮助。

第一，学习被标志为行为的变化。换句话说，学习的结果必定被转换成可观察的行为，在学习之后，学生就能够做一些在学习之前不会和不懂的事情。例如，给学生先做预测，然后提供某种训练，接着立即进行后测。预测与后测之差反映了行为的变化，这种变化才是学习的标志。

第二，这种行为变化是相对持久的。学习与训练并不是引起个体行为变化的唯一因素，还有许多因素也可以使个体行为发生变化，如生长、成熟、适应、疲劳、疾病和药物等引起的行为变化就不能认为是学习的结果。所以，只有在控制了除训练因素以外的其他因素的影响之后所产生的变化，才是学习，才具有相对持久的特征。

第三，某些行为变化具有潜在性。经验告诉我们：成功=能力+机会。意思是说，具备某方面的知识和能力，还需要有机遇、有条件施展，否则，外人不易察觉，自己也难以成功。例如，练武之人，不会随时显示自己的功夫，但不显露并不等于他没有武功。一匹千里马若没有伯乐来赏识和起用，它也许永远只是一匹普通的马。

第四，这种行为变化是经验和练习的结果。这一点强调后天经验和练习对学习的作用，排除由基因制约的生长和成熟对学习的影响。

第五，经验和练习必须加以强化。根据巴甫洛夫的反射理论，强化是建立条件反射的重要条件。一般来说，学习只有在反应（行为、操作）会导致奖励（正强化）的情况下，才会产生和持久。

现代学习理论认为，影响学生学习的因素不仅指智力因素，还包括非智力因素，而且非智力因素，如动机、需要、兴趣、情感、态度等在学习中的作用甚至超过智力因素，其根本意义在于它的动力作用，所以在体育学习中，应把对体育兴趣的培养放在首位。

3．终身体育要求

运动兴趣是实施终身体育的基础，并对终身体育的实施具有巨大作用。兴趣在人的生活中起着重大作用，它是获得知识、开阔眼界，丰富精神生活的巨大动力。运动兴趣是实施终身体育的基础，前者对后者具有准备性作用。幼儿及童年时期，对某种事物的兴趣可以转化为将来从事某种专业学习和研究的兴趣。同样，运动兴趣的形成也可以对今后终身主动参加体育运动起准备作用。运动兴趣对正在进行学习的体育知识、技术和技能起推动作用，人们对于感兴趣的活动可以持久而集中地注意，从而保持清晰的感知、周密的思考、牢固的记忆。也就是说，一旦对体育运动产生了兴趣，即使在当前和今后遇到困难，人们也会努力去克服，同时会产生愉快的情感体验，以至终身都能够积极主动地坚持体育锻炼，从而使得精力充沛、身心愉悦，乃至终身受益。运动兴趣对终身体育的实施具有促进性作用，可以使人在不断进行体育锻炼和接受高校体育教学的过程中开阔眼界、丰富自我，促进创造性运动能力的发展，在积极主动地进行体育运动时能达到自我锻炼、自我监督、自我评价、自我实现、自我发展的效果，从而能进一步从参加体育锻炼中更大、更快、更好、更久地获益。

4.运动兴趣

运动兴趣是与社会需要和人们自身的需要密切相关的，并且是在其基础上形成的。

运动兴趣是与社会需要和人们自身的需要有密切关系的，它是在社会和自身需要的基础上产生和发展起来的。人们只有对体育运动产生了需要，才会对体育产生兴趣。

（三）贯彻兴趣性原则的要求

1.激发学生的直接、间接体育需要，需要是兴趣产生的基础

当学生对某种体育活动（项目）感到有学习或参与的需要时，就会产生某种兴趣。学生的直接体育需要是指直接对某项体育活动的自身价值（如趣味、娱乐、竞技、健身、健美等）所产生的一种渴求趋势，即因某种体育活动本身的吸引力而探究（学习）或参与的一种愿望（需要）。学生一旦有了这种体育需要，就会对其所渴求学习和参与的体育活动产生极其浓厚的学习与参与兴趣，表现出极大的学习与参与热情和意志努力。间接体育需要方面，目前人们主要通过让学生充分认识到体育锻炼在健康、文化学习、升学、就业等方面的必要性，使学生认识到参加体育锻炼的必要性。这也是激发学生体育需要的

有效方法之一。因此，高校体育教学是否能充分满足学生的直接、间接体育需要，直接影响着学生体育兴趣的激发与培养。

2. 根据学生兴趣安排教学

教师应广泛了解学生的兴趣，并在此基础上针对个体的不同兴趣来选择和安排多样化的教学。由于长时间、单调的刺激容易引起超限抑制，单调、枯燥的练习容易使学生感到厌倦和乏味，教学手段的多样化对于提高学生的体育学习兴趣具有十分重要的作用，因此，通过灵活变换教法手段和练习形式来激发学生的体育学习兴趣，也是目前采用较多的方法之一。使教材内容丰富多样，以便尽可能满足学生的不同兴趣，进而培养学生的体育兴趣，是近年来体育课教学中培养体育兴趣的又一做法。笔者对惠州市男女生对各运动项目的兴趣选择进行了排序统计，结果如下：在男女感兴趣的排名前 10 位的体育项目中，双方都感兴趣的有篮球、乒乓球、羽毛球、游泳和攀岩；男生感兴趣的有足球、台球、散打、武术、围棋；女生感兴趣的有排球、健美操、体育舞蹈、柔道、滑旱冰。

第四章

高校体育教学过程、控制与管理

第一节　高校体育教学过程与控制问题概述

一、高校体育教学过程的基本特性

特征就是一个事物特有的矛盾。教学过程的特征是高校体育教学过程本质的具体体现，研究高校体育教学过程的特征，有利于加深对高校体育教学过程本质的理解，并可为揭示高校体育教学过程的规律提供依据。一般认为，高校体育教学过程具有以下特点。

（一）运动实践性

高校体育教学过程是教师指导学生进行运动实践活动的过程，因此运动实践性是高校体育教学过程的一个重要特点，具体表现在：①实践目的具有特殊性，即为了使学生掌握体育知识、技术技能，培养运动能力；②实践环境具有特殊性，即在富有开放性的特定环境中，在教师的组织指导下，根据高校体育教学目标的要求而有计划、有步骤地进行；③实践方式具有特殊性，即高校体育教学过程总是与学生的身体活动相伴随，通过感知、模仿、练习促进学生身心和谐发展。

（二）社会交往性

高校体育教学过程是教师的教和学生的学双边活动的过程，学生要从事各种身体练习和活动，既需要教师的指导、帮助，又需要学生之间的相互合作、相互帮助、相互评价，客观上要求学生进行多方面的交往。如果说在其他学科的教学中主要是师生交往，那么在高校体育教学过程中学生之间的交往则占有相当重要的地位。因此，高校体育教学过程中的人际关系曾被称为"课堂小社会"，即社会的浓缩体。高校体育教学过程中的人际关系、交往是社会性和生活性的体现，交往可以分为教师与学生、学生与学生、学生与集体等方面的交往，高校体育教学是在这个交往的基础上展开的。

（三）过程动态性

高校体育教学过程在其动力机制的作用下维持着自身的发展，它是一个以教学目标为起点，以教学评价为终点的过程。在高校体育教学过程中，其动态性表现在两个方面：一方面，组成高校体育教学过程的因素是相互联系、相互作用的，并不是由一系列有时间顺序的、相互区别的、固定不变的教学阶段组成的，而是处于一种不断变化、有规律可循的运动过程；另一方面，高校体育教学内容主要是以经过选择的身体练习为主的，教学过程是以运动实践为主促进学生身心发展的过程。所以，在高校体育教学过程中，要以动态发展的观点来分析和解决教学中出现的问题。

（四）组织复杂性

高校体育教学是与学生的身心发展的基础水平直接联系的，而学生身心发展的基础水平又客观地存在着个别差异，在高校体育教学过程中，不仅要考虑男女学生性别上的差异，还要考虑不同学生的个体差异，采取不同的组织形式和方法区别对待，以适应和满足学生的需要。在高校体育教学过程中，学生多处在不断变化、多种形式的运动中，加之教学易受气候和周围环境的干扰，因而教学中的组织管理工作相当复杂，要精心设计、认真组织，组织形式、教学步骤、教学手段要具有较多的应变性。从某种意义上说，良好的教学组织工作与措施是达到高校体育教学目标的根本保证。

（五）运动负荷适宜性

在高校体育教学过程中，由于学生从事各种身体练习，身体各器官系统，尤其是神经系统、运动系统、心血管系统、呼吸系统等积极参与活动，提高了有机体的机能活动能力。所以，学生身体要承受适宜的生理负荷，并因此产生疲劳，加速机体的新陈代谢活动。这一点也正是学生在高校体育教学中能促进身体发展、增进健康的生物学依据，即只有使机体适应一定的生理、心理负荷的刺激过程，不断地经过适度的超量负荷锻炼，才能有效地提高身体素质，由此带来高校体育教学过程中运动负荷的理论与实践问题。

二、高校体育教学过程中的基本矛盾

高校体育教学过程中的基本矛盾是由高校体育教学过程中的基本因素之间的相互联系、相互作用所决定的。高校体育教学过程中的四个基本因素之间的作用构成了高校体育教学过程中的六对基本矛盾：第一，体育教师与学生之间的矛盾；第二，体育教师与高校体育教学内容之间的矛盾；第三，体育教师与高校体育教学手段及教学条件之间的矛盾；第四，学生与高校体育教学内容之间的矛盾；第五，学生与高校体育教学手段及教学条件之间的矛盾；第六，高校体育教学内容与高校体育教学手段及教学条件之间的矛盾。

在上述六对基本矛盾中，体育教师与学生的矛盾和体育教师与高校体育教学内容的矛盾是高校体育教学过程中两对最主要的矛盾。首先，在高校体育教学过程中，体育教师和学生是两个最活跃的因素，"主导"作用和"主体"地位是相互作用的，缺乏任何一个因素的作用，都不可能达到高校体育教学过程的目的，也不可能使高校体育教学活动成为一种真正的"双边"活动。其次，另外四对矛盾实际上都是由体育教师与高校体育教学内容之间的矛盾所决定的。一方面，体育教师与高校体育教学手段及教学条件之间的矛盾和教学内容与高校体育教学手段及教学条件之间的矛盾实质上是体育教师如何处理高校体育教学内容的问题，也就是说，体育教师如何利用现有的高校体育教学条件来选择高校体育教学手段，安排高校体育教学内容；另一方面，学生与高校体育教学内容之间的矛盾和学生与高校体育教学手段及教学条件之间的矛盾也是由体育教师与高校体育教学内容之间的矛盾引起的，因为体育教师的根本任务就是通过钻研高校体育教学内容来选择合理有效的教法步骤和手段，从而解决学生与高校体育教学内容的"知"与"不知"的矛盾。从以上分析可以看出，虽然在高校体育教学过程中有诸多的矛盾，但几对基本矛盾之间是相互影响的，只要抓住了主要矛盾，其他矛盾便可迎刃而解。既然高校体育教学过程由四个基本因素和六对基本矛盾构成，那么，认真研究它们各自的发展变化，尤其是研究六对基本矛盾发展变化的规律，不断提高四个基本因素的自身水平便成了提高高校体育教学质量的关键。

三、高校体育教学过程的控制

一般来说，过程是指事物发生、发展和终结的历程，它是在一定时空中进行的，具有一定的程序和环节，反映事物发展的客观规律。高校体育教学过程控制的基本环节是指高校体育教学控制过程的运行程序，它是以高校体育教学目标为中心的计划、实施、检查、总结的循环往复的过程。

（一）计划——高校体育教学过程控制的起始环节

高校体育教学过程控制的计划是在进行教学活动之前对从事教学活动的结果、过程所进行的设计和安排。它一经制定，就成为师生控制活动的纲领与实施教学活动的依据、检查和总结教学质量的标准。

高校体育教学工作计划是根据国家规定的高校体育教学大纲和教材，结合本校实际而编制的高校体育教学实施方案。它包括学年高校体育教学工作计划、学期高校体育教学工作计划、高校体育教学单元计划、高校体育教学课时计划等。

（1）学年高校体育教学工作计划是根据高校体育教学大纲，结合学校实际情况和学生特点而制定的高校体育教学文件之一。它是制订学期高校体育教学工作计划、高校体育教学单元计划、高校体育教学课时计划的依据。其主要任务是将高校体育教学大纲规定的各类教材内容和课时数合理地分配到上下两个学期中去，并安排各学期的考核项目和标准。

（2）学期高校体育教学工作计划是根据学年高校体育教学工作计划所编制的上、下学期高校体育教学文件之一，它是制订高校体育教学单元计划、高校体育教学课时计划的直接依据。

（3）高校体育教学单元计划是根据学期教学工作计划所编制的分项高校体育教学文件之一，它是体育教师制订高校体育教学课时计划的直接依据，也是学期高校体育教学工作计划的辅助计划及其具体化。它是将学期高校体育教学工作计划规定的主要教材内容，根据其在本学期的教学次数，按次序制定出教学内容和要求。

（4）高校体育教学课时计划亦称体育课教案，它是根据学期高校体育教学工作计划和高校体育教学单元计划，结合教学实际，以课时为单位编写的教学方案。它是对体育教师上课的最基本要求，也是上好一堂体育课的重要保证。体育课教案编写的基本要求有：课堂任务要明确；教学要求要具体可行，教材选择要符合实际，教学要突出重点，课程的组织要严密，教法要科学、多样，运动负荷要恰当，思想教育、安全措施要落实，场地布置要合理，文字要简练清楚。在教案的最后部分对练习密度、心率曲线、动作教学效果要有预计，并在课后及时将本课的教学情况进行总结。

上述四种高校体育教学工作计划是具有明显层次的主体。体育教师在制订上述计划时要符合高校体育教学规律与学生的认识规律，并要求有相对的稳定性。

（二）实施——高校体育教学过程控制的中心环节

在高校体育教学过程控制中，实施是指控制者按高校体育教学工作计划，组织所属成员，主要是教师和学生，按计划规定的任务、内容与时限和有关质量工作标准开展教学活动，落实高校体育教学目标。在高校体育教学过程控制中，实施是工作量最大、投入时间和力量最多、涉及面最广，直接产生控制成果和育人成果的环节。因此，要建立实施计划的运行机制，领导首先要深入基层，做好指导工作。其次要做好协调工作，围绕提高教学质量的问题，做到控制目标明确、认识统一、步调统一、指挥统一；协调各部门之间的矛盾和失衡现象，做到上下左右团结一致、相互支持，使教书育人、控制育人、服务育人形成"三育人"的整体效应。最后要做好教育和激励工作，加强体育教师的思想政治工作，坚持尊重、理解、关心相结合的原则，既要注意物质激励，也要注意精神激励，使教师体会到自己工作的价值和创造能力，形成教书育人的内在动力；要帮助教师提高教学能力，拓宽教改思路，发挥体育教师集体提高教学质量的整体效应。总之，指导、协调、教育和激励几个方面是互相配合、互相联系、交叉进行的有机整体，它们构成了高校体育教学过程控制的中心环节。

（三）检查——高校体育教学过程控制的中介环节

在高校体育教学过程控制中，检查是控制者掌握实施的情况、促进计划落实、实现高校体育教学目标的一种手段。检查是以计划、高校体育教学大纲和教材为依据，对实施活动进行查对并对教学进行评估。

高校体育教学过程控制的检查方式有很多，以时间为标准可划分为经常性检查和定期检查；按内容标准可划分为专题检查和全面检查；以检查者为标准可划分为领导检查、自查和互查；以实施检查的方式为标准又可划分为查阅式、观察式、参与式、测验式与询问式多种。上述方式在实施中往往是配合使用的，但检查不能频繁进行，也不要把各类检查都集中在同一时间内进行，否则会打乱正常的教学秩序，影响教学工作。要使检查有效，还需遵循以下原则：①检查要有客观标准，一般以高校体育教学计划为标准，切忌随意另立标准；②检查要客观公正、实事求是，重事实、重数据，获取足够的信息，取得全面准确的材料；③检查要依靠群众，在领导、师生的共同参与下论证结果，分析原因、制定措施，这样既有利于监督考核，又有利于协调控制；④检查与评估相结合，依据高校体育教学目标，运用科学手段，对高校体育教学过程中的各种因素做出科学判定，使高校体育教学质量具有科学性、选择性和指导性。

（四）总结——高校体育教学过程控制的终结环节

总结是通过各种检查方式将获得的有关信息进行整理、分析和概括，并做出评价和结论的过程。通过总结，可以发挥优势、克服缺点、增强信心、明确方向，促进教学质量的进一步提高。总结是前一个质量控制周期的终结，又是下一个质量控制周期准备工作的开始，是对一个周期的规律性的认识，可以指导后一个阶段的质量控制工作。

高校体育教学过程控制的总结可分为专题总结与全面总结、阶段性总结与期末或年终总结。其方法有自上而下、自下而上、上下结合等。做好总结的基本要求有：①要有正确的指导思想，以教育方针和学校的教育目标为指导，树立正确的教学质量观，这样才能实事求是地分析和研究问题，正确总结经验教训；②以高校体育教学计划为依据，对照进行分析，对体育教师的教学质量与学生的学习成果如实地进行评价和科学总结；③要在大量与可靠的教学工作信息的基础上进行分析与归纳、概括；④要有代表性的质量数据与典型材料，进行数理统计后的数据可以从定量的角度说明教学质量，有代表性的典型事例可以从定性的角度说明教学质量，只有定量和定性相结合，才能辩证地体现高校体育教学质量。总结之后，要写成书面总结材料，交上级审核并存档。

第二节　高校体育教学的过程和结构分析

对教学过程问题的认识，国内外有许多种观点。从系统论的观点来看，教学过程不能仅仅理解为一种由一系列有时间顺序的、相互联系又相互区别的一些教学阶段组成的过程，也不是一种从教到学的过程，而是一个教学系统整体性的运动状态的变化。在这个变化中，教学过程的各个要素和各种因素相互联系、相互作用。在各种联系和作用中，每一个要素和每一种因素的变化都可能引起教学过程中其他因素和要素的变化。所以，从这个角度来看，教学过程就是那些引起教学活动系统状态变化的诸因素和要素之间的相互联系、相互作用的过程，是教学系统整体的运动状态。

一、高校体育教学过程的要素

以系统论的整体性观点来看高校体育教学过程，必须将其看作一个在时间和空间上完整的系统。其所包含的要素很多，但归纳起来，可以依据对前面四要素的理解，也综合其他的相关理论，得出高校体育教学过程的基本要素主要包括学生、体育教师、高校体育教学内容和高校体育教学手段这四个方面。

（一）学生

现代教学理论的基本观点认为，学生是任何学科教学过程中的第一要素，是教学的核心。因此，学校的一切教学都要以学生为中心。没有学生就没有教学活动，没有教学活动也就没有学校。所以，在高校体育教学中，学生是学习的主体，是第一要素，也是根本性要素。学生是教育的对象，是教学信息的接受者。学校教育目标、全部教学设计均指向学生、落实在学生身上。在强调自我教育、自我完善、自我发展、积极参与、公平竞争、团结协作的公民意识的作用下，学生应该而且必须成为学习过程中的主体。这是因为学习过程中的认知、体验、运用以及健身、健心的活动，除学生自身外谁也无法代替其体验。但学生又是被管理者，只有当他们主动参与教学过程，在智力、非智力和体力上全面投入，积极协同配合并充分发挥其主动性、积极性和创造性，才能取得最佳教学效果。

（二）体育教师

体育教师在高校体育教学中起主导作用，既是设计者，也是实施者，在整个教学过程中起组织、引导，解答疑难，帮助学生完成学习目标的重要作用。作为现代体育教师，其思想素质、业务素质、敬业精神和创新意识等，对提高高校体育教学质量非常重要。

（三）高校体育教学内容

高校体育教学要实现一定的教学目标，必须以高校体育教学内容为中介。它以体育与卫生保健相结合的体系建造包含了向学生传授的知识和技能，影响其思想和观念，培养其行为和习惯，集中反映了学校教育目标的基本要求和价值标准。教材既传递信息，又是教学过程中的主要目标和成果，是可预期达到的，也是实际的。因而，教材的建设与贯彻对学生的现在和未来发展有着深刻而长远的影响。没有教学内容，学生的学习目标的实现必然落空。所以，高校体育教学内容也是高校体育教学过程中最实质性的要素。它是由体育知识、技术技能、体育的实践能力、思想、情感和意识等内容组成的体系，同时包括目标、评价等相关内容。

（四）高校体育教学手段

高校体育教学有其特殊性，同其他学科的教学不同，不仅包括场地、器材等物资设备和技术手段及相关的运动环境等硬件设施，还包括教学组织、教学方法等软件设施。这些从整体上构成了高校体育教学手段系统。

二、高校体育教学过程的实施

（一）高校体育教学过程的环节

高校体育教学过程的各环节如图 4-1 所示。

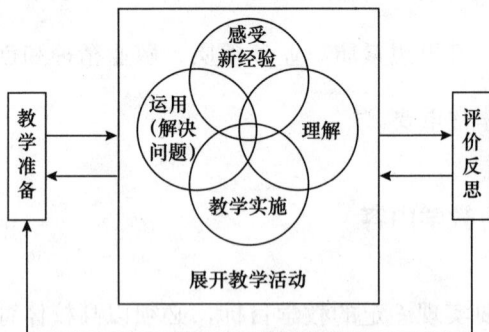

图 4-1　高校体育教学过程的各环节

1. 教学准备

教学前的准备发生在实际展开教学活动之前，它包括明确教学的目的和目标、教学材料处理、教学方法策略的选择以及教学设计方案的编写等。教师要在掌握教学任务的基础上把教学目标具体化，并设法通过问题情境等形式引发学习者的学习兴趣，使他们产生探究、理解新知识的需要。学习者的任务则是明确自己的学习目的，为学习活动做好物质和心理上的准备。

2. 教学实施

教学实施就是教学活动的展开过程。师生围绕着要达到的教学目标展开实际的交互活动。这是教学过程中最复杂、最关键的环节，其中要进行多种相互交织的活动。

感受新经验：使学生通过对新事物、新现象的感知形成正确的表象和概念，这可以通过观察、实验和实际操作等进行直接感知，也可以借助有关事物的语言表述等进行间接感知，并逐步由直观到概括。

理解：教师要努力帮助学习者将新经验与原有知识经验联系起来，并对新经验进行分析与综合、抽象与概括，弄清事物的结构、特性与功能等。这一环节是一个持续的深化过程，而不是一蹴而就的，要逐步提高理解的丰富性、灵活性和深刻性，其中贯穿着学习者积极的思维活动。这是整个教学过程中的中心环节。

巩固：促进学生对新知识的保持和熟练化，其中包括对知识的复述以及对技能的操练等。

运用（解决问题）：对新知识、新技能等进行综合或转化，并将其应用到新的问题情境中，促进知识技能向能力转化。

这四种活动过程往往是交织进行的，而且可能有不同的先后顺序和不同的组合方式。比如，学生可能从对新经验的感知开始逐步获得新理解、巩固新知识、应用新知识，也可能在学习的一开始就有一个需要解决的实际问题，在调动、运用原有知识经验解决该问题的过程中，学习者会寻找有关的新信息，进行各种推理活动，逐步建构起新的知识。

3．评价反思

评价反思是教学中一个相对独立的环节，也是贯穿在整个教学过程中的。教师要随时评价学生对新知识、新技能的掌握情况，从而判断教学目标的达成情况、需要采取何种调整或补救措施等，学生也需要对自己的学习情况进行自我监控。另外，教师和学生都需要对自己的教—学活动进行反思，看自己在这一过程中是怎样做的，效果如何，为什么自己要这样做，有没有更好的方法或策略，等等。这种评价反思活动对有效教学来说具有非常重要的意义，对于教师的教学能力以及学生的学习能力的发展来说也是非常关键的。

（二）高校体育教学过程的组织

由于体育课大多在室外进行，组织教学的目的就是要排除各种干扰，激发学生兴趣，更好地完成教学任务。只有合理而周密地组织教学，才可能使学生在心理和物质上做好充分准备，从而保证高校体育教学过程的顺利进行。因此，组织好教学是上好体育课的关键。

在教学过程中，教师、学生、教材三者通过复杂的相互作用使教学成为一个统一的动态过程。在这一过程中，教师采取一定的组织教学形式来完成一定的教学任务，从而实现教师的"教"和学生的"学"的目的。然而，教无定法，任何教学方法和组织形式都是根据一定的教学内容和教学对象而变化的。

第三节　高校体育教学课堂的科学管理

高校体育教学的中心环节是课堂教学，要提高教学的质量就必须优化教学过程。每个体育教师在上课时都会有一些收获或不足，无论多么成功的教学课，也总是存在可改进的地方，因此需要优化高校体育教学过程。

一、建立课堂常规

体育与健康课堂教学常规是为了保证高校体育教学工作的正常进行对师生的教与学提出的一系列基本要求，是学校高校体育教学管理的一项工作。规范体育与健康课堂常规，不仅有助于建立正常的教学秩序，严密课堂的组织，而且对加强学生的思想品德教育，促进学生身心健康发展都有着十分重要的作用。

（一）课前常规

1. 教师课前常规

教师课前的准备：认真备课，写好教案。备课时，在单元教学计划的基础上，要备学习目标，教材重点、难点，教学实施的过程，教学对象，场地器材和教学方法。体育教师要备好周前课，并编写好周前课教案。

了解学生的课前情况：教师要及时了解所上体育课班级的学生情况，主动与体育委员约定，由体育委员向教师及时通知。

场地、器械的准备和清洁卫生工作：体育教师应组织指导学生或亲自动手，及时布置和检查场地，准备教具，为学生的积极参与奠定基础，一切准备工作应在课前准备就绪。

教师服装的准备：体育教师要穿运动服、运动鞋，不要穿西服、牛仔裤、大衣、皮鞋、高跟鞋、塑料鞋等有碍于运动的服装。

2. 学生课前常规

学生课前的各种情况：学生因病、伤，女生因例假不能正常上课，课前由体育委员或学生自己主动向教师说明；教师应根据不同情况，分别妥善安排。

学生服装的准备：学生除了要穿运动服、运动鞋，不准穿西服、牛仔裤、大衣、皮鞋、高跟鞋、塑料鞋等有碍于运动的服装外，还要注意安全，衣袋里不得装有有碍活动和可能导致身体受伤的物品，如剪刀、小刀、钥匙、笔等硬质物品。

3. 师生共同准备

教师和学生在检查和整理好自己的服装仪表后，应提前几分钟到达规定的集合地点，等候上课。

（二）课中常规

1. 教师课中常规

教师待体育委员报告后，向学生宣布这节课的教学目标、内容要求等教学程序，并指出这节课易出现的安全问题，然后逐步按计划进入教学状态。

教师按教案进行教学，无特殊情况不得随意更改；关心爱护所有学生，循循善诱，对学生进行适时鼓励，与学生共同营造愉悦的教学氛围。

注意安全卫生，检查见习生执行规定的目标、要求等情况，以求面向全体学生。

课结束时，进行小结和讲评，让学生及时知道自己课中的表现，提出课后学习的要求，阐述下节课的内容，安排学生课后归还器械和进行场地整理工作，有始有终地结束一堂课。

2. 学生课中常规

学生准时到指定地点集合上课。上课铃响后，体育委员进行整队，向教师报告班级情况。

学生上课时，要专心听讲，仔细观看教师动作示范，聆听教师的启发引导并积极思考，分析理解动作要领，有疑难问题及时提出，有机地把大脑思维与动作练习结合起来。

学生须自觉遵守课堂纪律，爱护场地、器械。在教师的引导下，与教师共同学习，努力完成课程的各项目标。

课结束时，学生进行自我评价和对他人评价，并协助体育教师归还器械及进行场地整理工作。

（三）课后常规

每次课后，教师都应做好书面教学总结，如总结经验教训，提出改进措施等。见习期内的新教师，必须做好每次课的书面教学总结。教师要检查学生课后归还器材等工作的执行情况，以保证下节课教学的正常进行。对缺课的学生，要做好书面考勤记录，并进一步调查清楚，必要时给予补课或课外辅导。

二、合作学习小组的管理

（一）自主结合

在高校体育教学中，许多练习内容可以通过学生自主结合成练习伙伴来学习。由于平时的相处有较深的了解，感情融洽，在体育技能的练习中，他们会合作得很好，互为指导者，互相切磋技艺，取长补短，彼此都能为对方较准确地完成动作而由衷地喝彩。

自主结合在形式上虽与传统的分组教学相似，但在组成原则、方法和指导思想上完全不同，它突出了学生性格的相似性、交流的接近性、帮助的互补性，使学生的学习目标得到整合，志趣相投、心理相容、智能互补，社会交往动机得到较好的满足。

采用自主结合的方式，有时候当一方遇到困难时，另一方会真诚地鼓励其增强完成动作的信心。例如，在学习山羊分腿腾越动作时，当同伴的一方顺利完成动作，另一方会感到兴奋和鼓舞，这无疑会增强其完成动作的信心和勇气；当一方由于有恐惧心理，不敢做分腿腾越动作时，同伴鼓励说："不要怕，勇敢点，我来保护你。"在同伴的鼓励、保护、指导下，再加上教师适时地点拨，尽管练习时还有惧怕心理，但出于对老师和同伴的信任，他（她）们最终还是能勇敢地完成分腿腾越动作。

在课堂练习中，我们经常会看到，当自己的同伴克服困难，成功地完成动作时，指导者会高兴得手舞足蹈，他（她）会情不自禁地欢呼起来或鼓起掌来，用这种方式表达内心的喜悦和对同伴的祝贺。同伴的成功也会激发指导者在练习中更努力地动脑、动体，更加完善准确地完成所要练习的动作。被指导者也会暗下决心：下一次一定要做得更好，争取赶上和超过指导者。我们不难看出：这种自主结合的同伴指导，是合作学习通过教而促进学的过程，这体现了学习和指导的互动性，学生可以更深刻地体验体育课上成功的快乐和喜悦，培养了勇敢、顽强、团结互助和关爱他人的优良品质，也使竞争意识得到了强化。

（二）自主学习

高校体育教学过程是学生自主学习能力发展的过程，教师应以学生认识问题和解决问题的能力为出发点，培养学生的思考能力、观察能力和实践能力；在情境创设中，不断启发学生思维，找到发挥学生自主性的"引子"，改"管理约束性"的教学为"启发、宽容、帮助性"的教学。例如，在教学弯道跑技术时，教师可以按照合作学习小组的形式，先让学生在弯道上练习跑几次，通过学生在弯道上跑的初步感知，教师提出问题：弯道跑与直道跑的感受有什么不同？跑时的技术特点有什么不同？让各合作学习小组进行小组讨论，然后让学生回答弯道跑的技术要点是什么，最后由教师进行简要总结，亮出动作要领："两臂的摆动方法、摆动幅度不同，左臂摆动幅度小，右臂摆动幅度大；两脚前脚掌的着地点及蹬地用力不同，用左脚掌外侧着地，用右脚掌内侧着地后蹬地。"这时教师出示准备好的左右脚掌图示，再通过让学生观看其弯道跑的示范动作，就能使学生对所学内容有更加深刻的认识和理解。各个合作学习小组在分组练习时，教师要放手让学生自主学练，让其自觉参与教学的全过程，以提高学生学会和掌握技术的成功率。

（三）自由选择练习手段

学生之间存在着身体素质差异、生理差异、个性爱好差异及学习目的、态度和方法上的差异等。教师在教学时，要根据教材内容有针对性地提出多种练习手段，由各合作学习小组群体讨论，对于本小组学生喜欢的、新颖的练习，可以多选多练；对于本小组学生不喜欢的练习，可以少选、少练或不选、不练，达到学生自己选择练习手段的目的。例如，在学习前滚翻双腿交叉转体180°的动作时，将学生分成若干个合作学习小组。教师重点强调：双脚交叉后，哪一只脚在后面，就从哪一侧向后转，这样就能完成动作。在教学实际中，教师可先后集合小组长多次，让小组长简要反映学习情况，教师再提出不同的新要求，各组间展开前滚翻双腿交叉转体180°动作比赛。合作学习小组中的学生轮流承担裁判员，小组间展开学习上的比赛。在这种合作学习的练习中，学生会意识到个人得失与组内其他人员之间的得失是息息相关的，会自觉地格外注意与他人合作，互助友爱，共同提高。通过合作学习，互相督促，组内人员的凝聚力增强，同时形成了小组间无形的竞争意识。教师还应不失时机地鼓励学生，以便实现"导"与"学"的多向联合，促使全体学生共同进步。

（四）自由支配练习时间和练习次数

这里的自由支配练习时间和练习次数是在教师指导下进行的。在高校体育教学过程中，课内练习时间和练习次数不要管得过死，教师在教学中应把握抓大放小的原则，教材中一些基本的东西由教师把握，一些小的环节可以让学生自己去尝试。例如，对于准备活动，徒手操由体育委员或学生轮流担任领操员，教师提示练习时间和次数，领操员按要求一边呼口令一边领操；根据天气的冷暖情况或教材的需要，教师提示练习内容，让学生按合作学习小组自己去安排练习；放松活动、小游戏活动也可如此。通过合作学习，让学生获得自主练习的时间和空间，这样既培养了学生的操作能力，又让学生体验了学习的乐趣。

（五）自由交往

在合作学习中，受社会交往动机驱使，学生之间会不断交往，对此教师应给予鼓励和引导。学生之间的相互交往可以规范学生的行为，缩短学生间的心理距离，增强合作学习小组的凝聚力。苏联著名教育家马卡连柯说过：只有一个人长时间地参加了有合理组织的、有纪律的、坚忍不拔的和有自豪感的那种集体活动的时候，性格才能培养起来。也就是说，合作学习的过程能培养学生良好的性格，促使学生心理健康发展。因此，教师要在教学设计上结合教材，增设自由交往的一些学习环节，来加强课堂上师生间、生生间进行多向交流的机会，把自由交往合作学习看作完成教学目标的手段和目的。

例如，在教授后滚翻动作时，教师可以先向学生提出一个问题："你是怎样完成前滚翻的？"让学生回顾做前滚翻动作的过程："低头、含胸、团身；蹬地后，颈、背、臀依次着垫。"再提示学生后滚翻就是前滚翻动作的反方向运动，要求学生按照合作学习小组的形式商量前滚翻的反方向运动该怎么做，然后让学生自己在合作学习小组里有秩序地轮流做后滚翻的练习，自觉地承担相互帮助和评价的任务，以增强学生自由交往的能力和协作精神。教师一边巡视指导，一边参与到合作学习小组的练习中去，使师生间、生生间的交往更加密切。

三、高校体育教学中的沟通技巧

（一）情感沟通

师生良好的情绪状态对课堂教学具有促进作用，不良情绪则对课堂教学有极大的破坏作用。新课标所营造的和谐、平等与互动的育人环境有利于产生积极的正向情感，符合师生双方沟通的意向。

1. 积极的意愿与教师个人的态度调适

师生要实现良好的沟通，双方必须都有积极的意愿。处于教学主导地位的教师的个人态度的调适也对双方沟通起着主要作用。教师的个人态度调适具体体现在三个方面：①保持好的心情。体育教师工作复杂而劳累，有时甚至因为个人的状况而难以掌控自己的情绪，在盛怒或烦躁之下极易与学生发生冲突。事实上，教师在授课过程中保持好心情，常常会找到自己和学生的可取之处。

和谐、融洽、轻松的师生关系会感染大家，学生也会更加喜爱体育运动。②给予爱与关怀。被爱与被关怀是每个人最基本的需求，每个学生都希望得到正向的爱与关怀，教师应大方地给予学生积极的爱、支持与鼓励。③保持弹性，创造幽默。师生相处需要一些润滑剂，教师如能在教学中加入一些幽默的言语，可活跃课堂气氛，增进师生关系。

2．对话与理解

新课标确立的以教师为主导、以学生为主体的平等、合作式的新型师生关系，强调的是教师与学生之间不能是教训与被教训、灌输与被灌输、征服与被征服的关系，而应是平等的、对话式的、充满爱心的双向交流关系。通过这个对话的过程，教师和学生要达到一种主体间的双向理解，教师不再是凌驾于学生的唯一权威，师生双方都是主体，双方一起探究世界、探究知识。

3．与学生建立和谐的关系

良好的互动关系不应只是建立在正式的课堂教学中，虽说技能学习是高校体育教学的重要目的，但绝不是唯一目的。和谐关系所代表的意义，即学生信任、尊重教师，教师同样热爱学生。学生积极与教师合作，努力完成教师为他们所设定的教学目标，教学活动会更加有趣。

（二）信息沟通

高校体育教学中的信息沟通是师生双方信息的交流和贯通。沟通的内容主要是课堂教学中关于教学、学习及其他与体育活动有关的信息。新课标实施的目的是体现"以人的发展为本"的课程改革理念，它提供了师生共同发展的平台，在师生平等相待的情境中，师生共同面对的不仅是知识和教材，而且是更为广泛的现实生活。因此，在师生双方对教学内容、体育知识、协作精神、行为观念及其他方面存在认知上的差异、误区时，需要进行信息沟通。

1．传送与接收信息的技巧

有效的沟通存在于聆听后能解读传送者所想要传达的信息。正确、清楚地传送信息的方法有：①尽量使用易懂和亲善的语言及动作；②少用主观判断，适当情况下可做些让步，在许可范围内，给学生更多自我选择的空间；③试着接受学生的观点，做个细心的听众，以诚挚的态度仔细聆听学生所提的问题，并适时地给予关怀；④对学生及教师本身的感觉反应敏锐；⑤使用有效的关注技巧，如目光接触、表情、手势等非口语行为；⑥重视自己的感觉，注意传送者的非口语提示。

2．对学生的评价要前后一致

对待学生的行为的态度是否一致是非常重要的，昨天可以接受学生的这类行为，到了今天，却因同样的行为而处罚学生，这样前后不一致的态度会给学生一个错误的信息，通常会被学生视为恶劣的行径，将会严重破坏师生间和谐的关系。因此，体育教师必须了解哪些行为是可以被学生接受的，哪些行为是要立即阻止的，然后，进一步观察学生这些行为的实际表现。

3．爱与平等

爱与平等就是要用爱心去对待每一个学生，尊重每一个学生的差异、创造性、运动能力。随着新课标的实施，教师的角色要由传统意义上的知识传授者和学生管理者转变为学生发展的促进者、帮助者，要让学生真正成为学习的主人，成为个体发展的主人，而这所有的一切必须以"爱"为前提。教师要在学生中树立威信，但这种威信不是靠外在的管制，而是源于教师的人格、学识和智慧，从而受到学生的尊敬与爱戴。

（三）意见沟通

新课标指导下的师生的交往更加频繁，在课程建设中，学生有了更多的参与权。但是，由于年龄、性别、个性心理和认知及观念上的差异，师生在合作中就会存在意见分歧甚至产生冲突。当师生双方出现矛盾、进入误区时，需要进行及时的沟通。

1. 正视冲突

冲突来自人际互动，当人们的利益及观点不同时就会出现争执。冲突虽然会带来关系的威胁，但也提供了调整彼此关系的机会。新课标指导下的高校体育教学实践要求教师善于观察学生的运动心境和激情状态，观察自己在与学生合作中彼此的语言（措辞）、非语言信息（包括肢体动作、音调）、情绪状态，实现顺畅沟通。

2. 尊重对方

面对冲突时，教师要提醒自己以相互尊重的态度维护彼此的尊严，不要跟学生争得面红耳赤，更不要公开指责学生，强迫学生接受自己的观点。面对冲突，双方需要的是一份尊重彼此差异的心态和寻找两者兼顾的方法。

四、突发事件的管理

体育课堂中出现的突发事件是指超越课堂教学常规的、突然发生的、需要立即处理的事件。在高校体育教学中，突发事件根据其结果可分为对身体有伤害性的危险事件和不具有危险性的干扰事件。很显然，前者造成的后果要比后者严重，而且前者较难控制、难处理。高校体育教学中较多的不稳定因素是发生突发事件的源头。因此，对于体育课堂教学中的突发事件，重在预防。

（一）了解天气情况

要坚持每天看天气预报，了解当天和以后几天的天气状况，根据天气特点备课，并及时适当调整教学计划，提前准备教具，避免在大风、大雨、炎热等天气状况下上课时措手不及，给学生造成意外伤害，影响课堂学习的正常进行。

（二）了解场地器材

场地状况一般具有相对稳定性，教师必须熟悉学校的操场面积、角落特点以及操场上的下水管道口盖的安全状况，发现问题及时解决或课前及时告诉学生存在危险的地点，以免学生因不小心而发生意外。

教师不仅要熟悉学校各种器械安放的地点、器械本身的安全状况和耗损风化程度，还要清楚各种器材使用不当时存在的危险，以及在遇到问题时应如何及时应对。对以上问题，教师在教学过程中一定要给学生讲清楚，让学生在学习、练习中具备预防意识，并学会自我保护。

（三）了解教材

对教材的熟悉就是要把握教材的特点，教师除了要根据课程标准制定教学任务、目标外，还要熟知教材在教学过程中潜在的障碍，在教学设计中巧妙安排预防措施。

（四）了解学生

对不同班级的学生进行不同的教学，对同一班级的不同学生采用不同的方法，根据不同年龄、不同时期学生的身体素质、心理特点、性格特征、精神状态以及男女生的兴趣爱好差异进行有针对性的教学设计，还要设身处地时时刻刻为学生考虑周全，让学生感到心情愉快、锻炼舒适，这样才可以有效地控制课堂，引导学生学习锻炼。

（五）了解自我

教师要充分了解自己的性格特点、运动水平、身体状况、对学生的驾驭能力，而且要了解自己的不足、缺点、弱点，根据自身条件合理备课，努力做好自己能做的事情，有所为，有所不为。在教学中，教师要敢于挑战自己，善于分析自己，努力克服自身缺点，不断提高业务水平，尽量避免因自身失误导致的课堂突发事件的发生；精于教学，能应用技巧妥当处理各种突发事件。

五、学生课堂问题行为的管理

课堂问题行为是指课堂中发生的违反课堂规则、妨碍并干扰课堂活动的正常进行或影响教学及活动效率的行为。它具有普遍性，甚至一些优秀生也会有问题行为，只是他们的数量、发生的频率和程度轻重与问题学生不同而已。在现实的课堂教学中，教师对课堂问题行为的判断标准不统一，具有一定的主观性，如一些学生在未经教师允许的情况下就发言、活动，有的教师认为扰乱了正常课堂秩序，是一种问题行为；而有的教师则将它看作一种情绪激昂、思维敏捷、乐于展示自我的表现。

（一）学生问题行为产生的原因

综合起来，学生的课堂问题行为表现大致有以下几种类型：①注意力不集中。课堂上注意力分散、转移，学生不能集中注意力听课和练习，随意与同学嬉笑、打闹。②反抗行为。学生的逆反心理造成他们的反抗行为，如不遵守课堂纪律、不听从教师的组织安排和练习小组长的指挥，练习过程中故意捣乱。③攻击性行为。体育课堂中损坏公物、抢夺同学的器械、恶意指责同学，更有甚者争吵、辱骂、打架斗殴。④惰性心理性行为。怕脏、怕累、怕晒、怕苦等，找理由逃避上课、躲避练习，体育课上精神不振。⑤性格内向性行为。课堂上不与同学交往，情绪紧张、焦虑、胆怯，合作练习不能完成。学生课堂问题行为产生的原因，可以从三个方面进行归纳，具体见表4-1。

表4-1　学生课堂问题行为产生的原因

因素	产生的原因
教师因素	教师的专业水平不高，不能吸引学生的注意力
	教学内容安排不合理，对学生的要求过高或过低
	教学方法单调、陈旧、枯燥乏味，不能激发学生的学习兴趣
	教师教学情绪低落，精神不振，态度不热情
	教师管理能力差，组织形式不合理，课堂教学秩序混乱
	教学中教师不能平等地对待学生
	教育方法失当，过分体罚、谩骂学生，没有尊重学生的人格
	教学中对学生保护与帮助不足或不当，导致学生畏惧练习
	课堂中不能突出学生的主体地位，课堂气氛不活跃
学生因素	思想不重视，抱着无所谓的态度
	用问题行为引起教师、同学的注意，报复教师、同学对自己的忽视
	学习态度不端正，纪律观念淡薄
	个人意识浓厚，行为霸道，合作练习意识差
	趁体育课上减缓紧张学习的压力，用问题行为来发泄情绪
	对体育活动项目兴趣低，发泄不满情绪
	个人性格内向，不善于和同学合作学习、活动
	学生情绪低落，借体育课堂发泄或不参与活动
	体育能力较低，身体素质较差，怕同学取笑，不参与活动
	活动中遭遇同学取笑，导致问题行为的产生
	学生的生理障碍，如女生的经期、个别学生的多动症

续表

因素	产生的原因
环境因素	不良的家庭教育方式，导致学生心理品质不健全
	社会不良现象、信息的影响，如打架斗殴、家庭暴力等
	学校不重视体育教学，经常占用体育课
	高校体育教学设施不完善、场地器材短缺
	教育制度的影响，素质教育下的"应试"教育，导致学生轻视体育教学
	自然因素，如气温、日晒、风沙等

（二）管理的策略

1. 事先预防问题行为

学生的课堂问题行为往往是很难预料的，但有一些是可以把握控制的。教师在课前应该根据学生的个性特点和教材内容，设想学生可能会出现的问题行为，事先采取预防管理手段，避免或减少问题行为的产生。对学生的问题行为最好的管理，就是在问题行为产生之前实施预防性管理，避免或减少问题行为产生的可能性。

明确学生常规的行为标准是一种有效的、先行的控制方法，因为这样可以事先确立起对学生行为在课堂中的期望，让每一个学生都明了什么行为是好的，什么行为是不好的，哪些行为是可以被接受的，哪些行为是不能被接受的。这个标准是教师在学期前和学生通过共同讨论而制定的，它是合理的、明确的、具体的。同时，要提高学生对体育与健康课的认识，明确体育锻炼的意义，以在课堂的实施过程中，培养学生良好的文明、道德习惯，提倡健康的人生观念。

学生的成功经验通常会激发他们的愉悦情绪，降低挫折水平，从而避免或减轻问题行为。学生因心理作用而出现的挫折感往往是有些问题行为产生的原因。因此，对于教师而言，要反复研究课程标准和教学计划，以确保学生在课堂上适当的成功率，尤其是要规划动作难易适度的范围，如对一部分学生适当降低标准，确保这部分学生在课堂上的积极性，而对另一部分学生适当增加学习内容和难度，使他们不会产生厌倦感。教师对学习内容适当选择，有助于学生形成成功感受，进而减少问题行为的产生。

教师应根据学生的年龄、性别特征，学校的场地器材情况，认真备好课。关注学生课堂的主体性，激发每个学生的参与积极性，公平对待学生，运用灵活的教学方法、手段，让每个学生都积极地参与进来。课堂中要给予学生足够的练习时间，尽量满足每个层次学生的需求，给学生提供表现的机会，满足学生的表现欲望。根据教学内容，合理安排练习场地，避免班级间、练习组间的干扰。对于器械课，教师应该认真做好准备，特别要做到保护与帮助，并鼓励学生互相保护与帮助。

学生的差异性是客观存在的，教师给予学生的评价应该尽可能体现这一点，尽量让不同层次的学生在体育课中都有成功的体验，体会体育活动带来的乐趣。因为挫折感往往是有些问题行为产生的原因，因此教师要确保学生在活动中适当的成功率，学生练习进步的同时得到教师的认可，会激发学生继续练习的欲望，这样可以降低挫折感，从而避免或减轻问题行为的出现。

教师应该增强自己在学生心中的威信，一般来说，教师的威信越高，学生越不易出现问题行为。教师的威信不是建立在学生对教师命令的服从上，教师应该主动地去改善师生关系，营造良好的师生心理氛围，用自己良好的人格魅力来吸引学生，使师生距离更近，增强学生对教师的信任，减少学生练习时的紧张和害怕心理，因此教师应该提高自己的威信及学生对自己的信任感，有效预防问题行为的发生和发展。

2．及时终止问题行为

课堂问题行为得不到及时的控制将会扩展或蔓延，甚至引发其他的问题行为，造成意想不到的后果。课堂中，教师对学生已出现的问题行为，应该采取必要的手段予以有效的控制，及时处理。

课堂中要多鼓励和强化良好行为，以好的榜样来控制问题行为。通过鼓励和强化进行中的良好行为或新的良好行为，可以抑制或终止其他的问题行为。

选择有效的方法，及时终止问题行为。学生的问题行为以轻度为主，大学生较明事理，课堂中大部分的问题行为只需要教师运用一定的、合理的影响方法便可以终止，如采用爱心关注、信号暗示、巧用示范、有意忽视、正面批评等方法。教师在采用终止问题行为方法时首先必须考虑到学生的性别、个性特点及问题行为的程度，如对女生一般采用爱心关注和信号暗示。还需注意教师采用正面批评的前提是尊重学生的人格，就事论事，而不是针对学生个人。学生的个性是不尽相同的，教育方法也是多种多样的，教师应该在实践中创造性地加以运用。

3．有效矫正，多方合作

学生课堂行为的产生是多因素的，有些是出于无知，有些是故意的，有些是个人品质或是上堂课问题的延续。教师需要对学生的问题行为进行慎重分析，采取有效的矫正手段，让学生认识到自己的行为问题，使学生在教师、同学、自己的努力下，逐渐消除问题行为，塑造和发展良好的行为。课堂问题行为的有效矫正首先必须要有一个好的课堂环境、一个好的集体，这是前提。教师必须努力去营造一个活泼、合作、团结的课堂环境和集体。

教师应主动和学生多交流、沟通，了解学生的想法和感受，关心他们的成长，以增进师生感情。鼓励学生参加体育活动，让他们明白参加体育活动的意义，并给予他们获得成功的机会，让学生感受到参加体育活动的乐趣，并保持这种体验，可以很好地矫正问题行为。教师应有良好的个人行为引导，如课堂中教师应该置身于课堂活动中，经常与学生共同活动，让学生体验到合作的愉快，可以减少问题行为的出现，同时矫正学生的问题行为。

问题行为的教育与矫正不但要在课堂中进行，还应该延伸到课后。教师要在课后和学生共同分析问题行为，让学生认识到问题行为，对个人和集体的负面影响，这样学生会心服口服，会自主地矫正问题行为。

加强学生的耐挫能力也是体育课堂中的问题行为矫正的良好方法。学生练习失败时，心理上的自卑、同学的取笑，会让学生产生逃避练习的行为或与同学发生冲突。加强耐挫能力，培养学生良好的承受能力，加上良好的课堂环境，学生的问题行为会得到很好的矫正。

学生的问题行为产生的原因是多样的，有的在体育课上出现，有的在其他课上出现，这就要求教师认真分析学生的问题行为。教师要寻求多渠道的矫正教育，对于问题较为严重的学生可能要通过与班主任或相关教师联系，甚至与家长联系，全面、具体地了解学生的情况，加强共同教育，从根本上消除其问题行为。

六、特殊群体的管理

特殊群体是指特殊身体状况的学生（如有残障或通过医生诊断有各种不适于剧烈运动的疾病）。体育特殊群体不单纯是指多病身残的学生，还包括身体肥胖者、身体瘦弱者、体质差多病者、运动能力低下者、先天性疾病者和不喜爱体育健身的懒散者。

（一）鉴别特殊群体

为了课堂教学的顺利开展，要充分了解不同学生在体育方面的差异，以便于更好地进行有针对性的教学。这里要了解的差异主要来自学生由于身体、心理及环境等方面的原因在客观上与其他同学存在的差异。在充分了解学生差异的基础上，掌握学生的基本情况。

（二）针对个体差异的策略

鉴于个体都是存在差异的，因此，要想使每个个体都能得到全面的发展，必须采用针对个体差异的教学策略。

第一，小组教学。这里的小组教学主要是根据特殊群体的学生的身体状况，按不同的群体选择适合其活动的体育内容进行学习的分组形式。

第二，辅助教学。可根据特殊群体学生的情况，在学校条件允许的情况下，在教学编班时有选择性地将具有类似或相同体育学习困难的学生集中在一起进行体育教学，这样会使教学更有针对性。

第三，个性化教学。教师要对学生在不同活动中提出不同要求以及在同时进行的各种活动中提出不同的要求，以保证特殊群体的学生能够有充分的体育学习的机会，特别是可以采用运动处方的形式，使这些学生积极地参与体育运动。

第五章

高校体育教学评价

第一节 高校体育教学评价的概念、特点与原则

教学评价是课程教学的重要环节，体育课程教学也不例外。高校体育教学评价是一般教学评价在体育学科中的具体运用。要卓有成效地开展体育课程教学工作，真正实现提高学生综合素质的目标，就必须在实际教学中贯彻新的教学理念，利用新的教学方式和丰富的、与实际社会生活相配套的体育课程内容来进行教学，而所有这些都需要教学评价与之相配合。因此，只有对当代体育课程的教学评价有较深入的了解，树立全新的教学评价观，充分发挥其在体育课程教学中的导向作用，才能更好地促进新课程改革下体育课程的教学工作。

教学是教师和学生共同参与的一种活动过程。教师在预定的教学目标指引下运用多种方法，循序渐进，以期学生的学习行为能够随着教学的进展而有所改变，进而达到既定的教学目标。要知道教学结果是否达到了预期的目标，就必须针对教学效果实施客观而正确的教学评价。

一、高校体育教学评价的概念

如何界定"教学评价"，是教学评价实际工作中需要解决的一个重要问

题。对教学评价概念的理解，不仅决定了教学评价的建立，而且会对教学评价实践产生重大影响。"教学评价是在一定的价值观指导下，用一定的技术和方法收集整个教育系统或某个侧面的信息，并基于所获得的信息，以教学目标为依据对学生的各个方面都做出客观的衡量和价值判断，从而促进学生不断向前发展。"

对于体育课程而言，体育课程教学评价的实质是，按照一定的教学目标，运用科学可行的评价方法，依据相应的评价标准，对高校体育教学过程和高校体育教学成果给予价值上的判断，为改进教学，提高教学质量提供可靠的信息和科学依据，最终促进学生的全面发展。

二、高校体育教学评价的特点

（一）评价目标的发展性

传统的体育课程的评价体系是建立在以运动技能为核心的教育价值观下的，把对运动技能的掌握作为一切教学的出发点和归宿。这不可避免地会导致课堂教学训练化，导致教师在课堂上只关注运动技能的传授，而忽视学生的健康、体育兴趣、态度、情感、能力等其他方面的发展。如今，人的全面发展已经成为教育界普遍关注的话题，教学的主流精神已从单纯地关注知识、能力等问题转向对个性发展、个性教育的关注。以人格和谐发展为核心理念的文化价值观正逐渐被确立，成为有前景的，能被全社会普遍关注的文化价值理念。在这种理念的引导下，体育课程的教学评价也转向关注人的全面发展和学生的健康成长。体育课程教学评价的标准是多层次的，不仅涉及评价对象的基础知识、基本技能、思想观念以及道德品质，还涉及学生的智力因素、个性发展、情感性格和实践能力等。体育课程教学评价目标坚持以人为本，不仅注重学生的现实表现，更注重他们未来的发展，把促进学生的长远发展、提高学生的综合素质作为教学评价的主要目的。

（二）教学评价的过程性

新课程改革下，体育课程教学评价注重结果，更注重过程。体育课程教学评价立足于对学生学习过程的全程跟踪和考查。教师对学生在学习过程中所表现出来的优点予以肯定，对其所表现出来的缺点加以分析指导，帮助他们制订改进计划并督促实施，使学生在学习、成长过程中不断完善自我、发展自我。

注重对学生日常学习和发展的评价，关注学生在体育课程学习过程中的点滴进步和变化，及时给予评价。教师在学生学习和参与体育锻炼的过程中不断利用口头评价等方式对学生的发展状况给予及时评价，有利于激发学生的学习积极性，加强师生之间的联系，使学生能够及时了解自己的进步和不足，从而有效地促使学生达到相应的体育课程的要求。

教师应利用记录体育课程学习过程的方式使学生看到自己的进步过程，发现自己在学习中的不足，并通过记录增强其自我评价的能力，将平时成绩和期末成绩结合起来，使它们在学生的体育课程评价中各占一定的比例，使学生和家长不再只关注期末考试。这体现了新课程改革下体育课程教学评价的精神，符合"以评促教，以评促学，评教结合，教学相长"的教学评价的具体要求。

（三）评价主体的多元化

以往的评价多是以管理者为主的单一评价模式，学生只是消极被动地接受评价，产生心理压力，使其对评价产生畏惧，甚至产生逃避的心理。因缺乏被评价者的积极参与，评价者往往不能准确地发现问题，使评价的发现和改进的功能不能得到很好的发挥。正确的评价应该是教师、学生、家长、管理者共同参与的交互过程。被评价者成为评价主体中的一员，这样有利于加强评价者和被评价者之间的互动，提高被评价者的主体地位。除了教师评价学生以外，还增加了学生评价教师、学生评价学生、学生自己评价自己的模式，使学生始终以主体的身份参与评价，让他们了解所要解决的事，了解评价的手段和方法，使其更清楚、更全面、更客观地认识自我，使评价过程成为一次学生自我认识、自我教育的实践活动。

在新课程改革下的体育课程教学评价过程中，教师和学生不再处于过去单纯的被动状态，而是处于一种主动的积极参与状态，充分体现了他们在教学评价中的主体地位。将教学评价变成学生主动参与、自我反思和发展的过程，使教师和学生相互理解、相互支持，形成积极、平等的评价关系，将有助于被评价者有效地对被评价的过程进行监控，帮助被评价者认同评价结果，促使其不断改进，获得主动发展。评价过程强调参与互动，它通过与家长互动的方式让家长也参与到体育课程教学评价中来，将评价变成多主体共同参与的活动，使整体教学评价工作更有成效。在体育课程教学评价中，只有强调评价主体的多元化，才能全面、准确地反映学生的发展状况，更好地促进学生的综合发展。

（四）评价方法的多样性

体育课程的教学评价方法多种多样。由于实际教学中存在各种因素的制约以及评价技术和方法的局限，任何一种教学评价方法都不可能是万能的，每一种评价方法都有自己的优点和不足，都有特定的适用范围。因此，体育课程的教学评价应该依据评价目的，采用多种有效的评价方法。教师应根据实际评价的需要，合理地使用各种评价方法或采用多种方法同时进行评价，这样方能达到评价目的。例如，通过观察，教师可以记录学生在活动中的各种行为表现，以此对学生进行综合评价；通过访谈，教师可以深入了解学生思想观点的变化；通过成长资料袋（档案袋），教师可以持续性地获得学生成长和发展的信息；通过对学生作品的分析，在实施中，教师可以更清楚地了解学生潜在的发展状况。不同的评价方法具有不同的功能和作用，要注意综合运用。这样既可以充分发挥各种评价方法的优势，又可以互相弥补不足，以更好地促进学生积极主动发展，从而使体育课程中的教学评价结果更加客观、公正。

三、高校体育教学评价的原则

（一）教学评价兼顾体育课程的多重教学目标

体育课程的教学目标可以分成知识、情感和技能三个方面，因此，教学评价也必须兼顾这三个方面的目标，不能只注重知识目标而忽略对情感和技能目标的评价。此外，教学目标不但有不同的种类，也有不同的层次，应对每一层次的目标加以评价。例如，知识目标可以分为知识、理解、应用、分析、综合和评价六个层次，所以在评价知识教学结果时，决不可只偏重知识层次的评价，要做到兼顾其他层次目标的评价，其他目标种类及其所属不同层次目标的评价亦然。

（二）教学评价过程中注重学生个体差异

学生是体育课程教学发展的主体。每个学生由于遗传因素、生存环境及自身努力程度等方面的不同，在发展过程中会呈现出差异，这是客观存在的。面对这些差异，应采用不同的体育课程教学评价标准。评价标准还要根据学生年级的不同而有所变化，对同一年级的不同班级的学生和同一班级的不同学生也应持有不同的评价标准，这样才能达到体育课程教学评价的目标，也有利于激励各类学生的进步，挖掘每个学生的潜能，使他们自觉地沿着不同的成长轨迹不断地发展。

（三）进行多次评价

教学评价的目的在于确保达到教学目标、改善教学水平和提高学生的学习效果。因此，获得一个正确的评价结果或提供正确的评价信息，对实现教学目标具有决定性的作用。要确保所获得的评价结果是正确的，则必须针对同一评价对象的样本行为进行多次评价。单独一次的评价结果必定会存在一定的误差，信度、效度都不高。经过多次评价后，误差将逐渐减小，使多次评价结果的平均数更接近真实的结果，最终获得一个接近正确的评价结果。因此，针对同一评价对象的样本行为进行多次评价，是获得正确评价结果的有效方法。

（四）正确运用评价结果

为了更好地利用教学评价结果来改进教学效果，教师应在教学评价之后，根据教学目标或学习内容分析学生的学习方法以及兴趣，确定学生学习的优缺点，以便有的放矢地制定学习辅导策略，确保学生的学习效果达到预期的教学目标。

体育课程教学中，教师应坚持以鼓励为主，使学生对自己的能力及学习成果保持信心，这样有助于学生形成良好的心态。因为鼓励是一种信任，是一种美好的情绪。教师应善于发现学生的可圈可点之处，不吝惜自己的赞语。在实施教学评价时，教师还要做到认真、诚恳。每一个学生都非常在乎教师对他的评价，在实际的体育课程教学环境中，只要教师对学生的点滴进步给予充分肯定，就能有效调动起学生的积极性，使其更好地配合教师完成教学活动，使教学工作达到教学目标的要求。

第二节　高校体育教学评价的内容

体育教师是教学的组织者和实施者，对体育教师的教学评价是促进体育教师提高专业素养和体育与健康课程教学质量的重要手段。对于体育教师的教学评价，主要是针对教师的专业素质和课堂教学两个方面所进行的综合评价。

一、对体育教师专业素质的评价

体育教师是高校体育教学过程的主导者，教师素质的高低直接影响学生的健康成长。教师的专业素质主要指的是政治素质、知识结构素质、能力结构素质、身心素质和教师自身发展的素质等。

（一）政治素质

体育教师的政治素质是教师素质评价中不可缺少的一环，其内容主要有对遵纪守法、教书育人、参与民主管理、为人师表、良好的文明行为习惯及政治理论的水平和工作态度等方面的评价。

（二）知识结构素质

对体育教师的知识结构素质评价的内容有体育教师必须具有系统全面的体

育专业知识，并对相关学科的基本常识有所了解；体育教师应比较系统地掌握教育学和心理学的基本原理与方法，了解学生身心发展的规律和教育规律，将理论与实践有机结合起来，以便顺利地达到预期目标。

（三）能力结构素质

能力结构素质包括完成高校体育教学工作的能力，如高校体育教学的设计、讲解、示范、观察、组织教学等技能，激发和保持学生的运动兴趣的能力；独立进行教学活动的能力，如制订教学计划、选择教学目标与内容、安排与组织教材、理解与挖掘教学内容以及教学方法和现代教学技术手段的使用；教育管理学生的能力，如组织课堂教学、处理协调师生之间的关系等；表达能力，包括使用规范标准的语言，使用对学生有感染力的语言和表达方式等；创新能力，即善于独立思考，不断改革创新；开发和运用体育资源的能力，这是教师教育能力的具体表现。

（四）身心素质

身体素质是教师从事高校体育教学工作的最基本条件，其不仅应具备相应的运动能力，更要掌握从事高校体育教学所必需的相关技术技能。教师的心理素质评价的内容包括教师应具有细致、敏锐的观察力，善于通过学生的言行洞察其内心世界，同时发现学生的潜能；教师的思维要缜密、敏捷，这样才能把知识体系传授给学生；教师必须具有坚强的意志品质，才能克服来自各方面的困难，取得较好的成效；教师必须具有丰富的情感，以自己乐观的情绪感染学生。同时，教师要善于控制自己的情绪，对学生进行潜移默化的教育。

（五）教师自身发展的素质

教师自身发展的素质包括教师接受新理论、新方法、新技术的能力，善于不断学习和进步的能力，自觉寻求发展的能力，教学发展的潜能，自学提高的能力，以及教学改革和教学研究的能力。

二、对课堂教学的评价

课堂教学评价是对体育教师的教学过程与教学效果进行的评价，主要从以下六个方面进行：

第一，教育教学思想评价，指教师在高校体育教学过程中能否坚持教书育人的原则，是否有改革创新的精神，是否坚持"健康第一"和"终身体育"的指导思想，是否能促进学生的全面发展。

第二，贯彻课程标准的评价，包括课堂教学是否符合课程标准的要求，教学是否紧紧围绕学习目标进行，是否完成了课程标准所规定的教学任务和教学内容等。

第三，教学内容的评价，包括教学内容是否紧扣学习目标进行安排，是否达到科学性和思想性的统一，是否将思想品德教育寓于高校体育教学内容之中，是否科学地安排运动负荷，教学组织是否合理。

第四，教学方法和手段的评价，包括教师能否依据教学的具体任务和内容特点有针对性地选择教学方法；教学方法的选择是否符合学生的身心特点，是否有利于激发学生的学习动机和培养学生的学习兴趣；教学方法是否具有启发性，是否有利于培养学生独立思考、分析问题、解决问题的能力和创新精神；教学手段的运用是否增强了教学的直观性，是否有助于提高学生的学习效率。

第五，教学技能的评价，包括讲解评议是否规范、准确、简洁，是否正确运用术语和口诀，示范动作是否准确优美；是否能沉着、冷静、机智地处理课堂突发事件，使教学顺利进行。

第六，教学效果的评价，包括是否很好地完成教学任务；学生是否完成了学习目标，掌握教学内容；学生是否充分发挥了学习的积极性和主动性；是否培养了学生勇敢、顽强、竞争、合作的心理品质；是否激发和保持了学生的运动兴趣，促进了学生体育锻炼习惯的养成。

第六章

高校体育教学资源的开发与利用

第一节　高校体育教学资源的含义与分类

我国在 21 世纪基础教育新一轮课程改革中，把课程资源问题提到了一个非常重要的位置。当前，一个重要的课题就是强化课程资源意识，提高对课程资源的认识水平，因地制宜地开发和利用各种课程资源，更好地实现课程改革目标。在学校体育课程改革的过程中，人们不断体会到体育课程资源的开发和利用，无论是实现国家课程、地方课程还是校本课程的建设，都是实现体育课程目标的重要保障。

一、高校体育教学资源的含义

高校体育教学资源是一切能够支持和拓展体育课程功能的各种事物的总称。广义的高校体育教学资源是指有利于实现体育课程目标的各种因素，狭义的高校体育教学资源仅指形成体育学习内容的直接来源。具体来说，高校体育教学资源是体育课程设计、实施和评价等整个体育课程与教学过程中可利用的一切人力、物力及自然资源的总和，包括教材、教师、学生、家长以及学校、家庭和社区中所有有利于实现体育课程目标，促进体育教师专业成长和学生个性的全面发展的各种资源。

对教学资源问题的研究，于 20 世纪 70 年代起源于美国。美国学者坦纳夫妇和塞勒从社会、知识和学习的本质方面提出课程来源的基础是"社会、学生和知识"。之后，英国课程专家理查兹等提出课程来源于学科内容、学生、教师、环境以及这些要素间的相互关系。中国台湾学者黄炳煌认为，课程来源于心理学、社会学、哲学和学科知识结构，学科知识结构与哲学领域中的认识有着密不可分的关系。这些早期的认识和观点粗略地勾画出了教学资源的雏形。从现代课程论的研究成果看，对教学资源概念的认识有以下三种观点：其一，教学资源概念有广义和狭义之分。所谓广义的教学资源是指有利于实现课程目标的各种因素，狭义的教学资源仅指形成课程的直接因素来源。其二，教学资源是指可以进入课程活动，直接成为课程活动内容或支持课程活动所进行的物质和非物质的一切。其三，教学资源是指形成课程的要素来源以及实施课程的必要而直接的条件。

二、高校体育教学资源的分类

教学资源可根据不同的分类标准分成不同的种类，这些种类相互交叉、相互渗透。目前，教学资源的划分方式主要有三种：一是按存在的方式，将教学资源直截了当地分为有形资源（如教材、教具、器材设施等）和无形资源（如知识和经验、态度、能力等）；二是按功能特点，将教学资源划分为素材性资源和条件性资源两大类，前者指知识、技能、活动方式与方法，情感，态度与价值观等，后者指人力、物力、财力、场地设施等；三是按时间、空间分布的不同，将教学资源划分为校内资源（如教师、学生、教学挂图、教材、场地器材设施等）、校外资源（如公共图书馆、家长、其他学校的设施、社区场地设施、活动中心等社会和自然资源）及网络资源（如多媒体、网络化的以网络技术为载体开发的校内外资源）。根据不同的标准，也有其他的分类方式。明确教学资源的分类，有利于学校和教师建立起科学、合理的教学资源观念，有助于教学资源得到有效的拓展和整合，从而对体育与健康课程的实施产生实效。

教学资源既是学生获得知识、信息和经验的载体，也是课程实施的媒介。可以说，教学资源的合理开发与有效利用是任何课程目标顺利达成的必要条件。但是，并不是所有的资源都是教学资源，只有那些真正进入课程，与教育教学活动联系起来的资源才是现实的教学资源。

第二节　体育课程人力资源的开发与利用

一、人力资源的科学内涵

（一）人力资源的定义的双重思考

关于什么是人力资源（human resource），学术界尚存在着不同的认识和看法。"人力资源"这一概念最早是由美国经济学家约翰·康芒斯提出的，他首次将过去的"劳工等同于生产工具"的想法转变为"有价值的极高的资源"。1954 年，管理大师彼特·德鲁克正式在《管理的实践》一书中提出了人力资源的概念，并强调需要把人看作一种特殊的资源，还要重视人的"人性面"。而后又有学者从经济学、人口学、素质观的角度对人力资源进行了界定。我国学者则主要从能力和人的角度对人力资源的含义进行了界定。

1. 人力资源的能力视角界定

从能力的角度来界定人力资源的含义，即以劳动能力论来界定，偏重于强调人力资源的质量，持这种观点的专家和学者比较多，主要有以下四种：

第一，人力资源是指能够推动整个经济和社会发展的劳动者的能力。

第二，人力资源是指内含在人体内的一种生产能力，是对经济、对社会生产活动起到决定性的作用的能力。这种生产能力的大小同劳动者的数量和质量正相关。

第三，人力资源是指可用于人类生产产品或提供服务的技能、知识和活力。

第四，人力资源是指企业员工天然拥有的可以直接投入劳动过程中的体力、智力、心力的总和，涵盖了知识、经验、技能、个性与品德等方面的身心素质。

总之，所谓人力资源，就是指人所具有的对价值创造起贡献作用并且能够被组织所利用的体力和脑力的总和。

2．从人的视角定义人力资源

这一视角主要是从人的角度来界定人力资源的概念，偏重于强调人力资源的数量。具有代表性的观点主要有：人力资源是指在一定社会区域内所有具有劳动能力的人口的总和，包括适龄劳动人口和超过劳动年龄仍具有劳动能力、继续从事劳动的人口；人力资源是为企业提供服务，有利于企业实现预期经营效益的员工和顾客的总和。

综上所述，人力资源既可以指人，也可以指存在于人身上的各种能力。能力依附于"人"这个载体之上，离开人这个载体，能力也无法单独存在。

（二）人力资源的构成

同样，人力资源的构成也可以从质量上和数量上两个角度进行分析。

1．以人力资源质量（员工能力）为切入

人力资源的构成，可以分体力和智力两个方面。或者从现实的应用的角度

来说，人力资源包括体质、智力、知识、经验和技能等。其中，体质指身体素质，体力、体能和活力；智力指一个人的智慧程度，对工作和学习起基础性作用的能力；知识是指一个人的知识广度和知识深度；经验是指一个人过去从事过何种工作、担任过何种职务、取得过何种成绩。技能则是指一个人表现出来的可以操作的能力，是完成工作任务的具体能力。

2．以劳动力数量为基础

宏观意义上，一个国家或地区的人力资源的构成包括以下六个方面。

（1）适龄就业人口，指处于劳动年龄之内、正在从事社会劳动的人口。根据我国法律，我国适龄就业人口的劳动年龄为 16—60 岁。

（2）老年就业人口，指已经超过劳动年龄、继续从事社会劳动的人口。

（3）待业人口，指处于劳动年龄之内、具有劳动能力但尚未参加社会劳动的人口。例如，失业，尚未找到工作的求职人员和毫无就业意愿的待业人员。

（4）就学人口，指处于劳动年龄之内、正在学习的人口，如处于求学阶段的大学生。

（5）家务劳动人口，指处于劳动年龄之内、正在从事家务劳动的人口。

（6）军队服役人口，指处于劳动年龄之内、正在军队服役的人口，主要指现役军人。

上述前两部分人，构成就业人口的总体，也是现实的人力资源。后面四部分是间接的、尚未开发的、潜在的人力资源，在适当的情况下可以转化为现实的人力资源。

（三）人力资源的主要特点

至于人力资源的特点，我们认为人力资源是一种特殊资源，同其他资源相比有以下特征：

1．工作经验的积累性

人力资源在开发利用的过程中是一个自我更新，持续再生的过程，通过学习更新、知识，通过工作积累经验，提高能力。

2．工作能力的时效性

人力资源的形成、开发和利用受到时间因素的限制。从人的生命周期这一角度来讲，人力资源的形成与积累需要一个过程（形成期），当人力资源积累到足以被开发利用的时候，投入社会生产过程中才会产生效益和效果（开发期）。而当人步入老年期，其体力和脑力都不断衰退，不能再从事体力或脑力劳动（衰退期），也就谈不上发挥作用了。一般而言，最佳的人力资源开发和使用的时间是 25 岁到 45 岁。人力资源的管理与开发必须要尊重人力资源的这一特征。

3．工作的主观能动性

人力资源之所以能区别于其他的自然资源、社会资源，最主要是因为人力资源是有目的、有计划地使用自己脑力和体力的生命体。这种特性就叫作能动性。其他资源在被开发和利用的过程中，完全处于一种被动的地位。人力资源则不同，人具有思想、思维和情感，能主动地、有意识地去利用其他资源，能创造性地提出全新的办法，加速社会的进步和经济的发展。人工作的主观能动性主要体现在通过学习提高个人能力；根据爱好和特长选择职业；积极劳动，创造性地完成工作任务。

4．工作需求的社会性

人力资源具有社会性，是指人所具有的体力和脑力，尤其是脑力明显地受到时代和社会因素的影响。人既有人性的一面，也有社会性的一面，认识到人的社会性，就应当考虑到人力资源的社会性需求，只有满足了工作者的这些需求才能激发他们的工作热情。

（四）人力资源的分类

人力资源按重要性程度可分为突破性资源、关键性资源、基础性资源和外围性资源（图6-1）。突破性人力资源指能给企业带来革命性、转折性的人才，这样的人在企业中占极少数甚至没有，如激烈竞争行业中的总经理、高科技行业中的技术负责人、市场导向企业中的市场负责人等。关键性人力资源是指在企业中起关键作用的人员，他们是企业的主要高层领导、主要职能部门负责人和主要业务部门负责人或技术骨干。基础性人力资源是指给企业做基础性工作的人员，他们是企业人员的主体——普通员工。外围性人力资源是指企业出于非经济性目的而安排的就业员工或者企业外部可控的潜在人力资源，如福利性机构人员、企业所在地本行业劳动力市场上的求职人员。

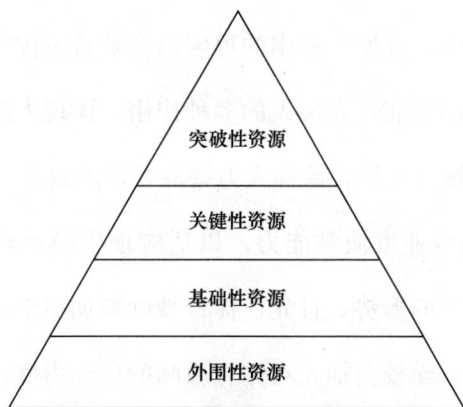

图6-1　人力资源的分类 [①]

人力资源的分类并没有截然的标准，但把人力资源按照四种类型分类进行

---

① 唐东方. 人力资源管理使用操作经典［M］. 北京：人民出版社，2006：5.

管理是相当重要的，这样会使企业在人力资源管理中抓住主要矛盾，而避免把主要精力过度分散。通过分类管理，企业能更精准地识别、培养与激励各类人才，提升整体效能。

二、体育课程人力资源的开发与利用

体育课程人力资源包括体育教师、学生、家长、班主任和其他有一定体育特长的教职工、校医、校外体育专家、社会体育指导员、运动员、教练员、医生，以及有一定体育特长的社会其他人员等。他们的知识、智力以及体力等都可以通过开发进入体育课程。

（一）体育教师

体育教师不仅是课程的实施者，也是课程的组织者和开发者。体育教师是最重要的体育课程人力资源。在体育课程资源的开发过程中，教师的素质决定了课程资源的识别范围、开发与利用的程度以及效益发挥的水平。开发人力资源就是要充分挖掘人的潜能，发挥人的多种作用，体现人的多种价值。对体育教师潜能的开发，应该成为体育课程人力资源开发的重点。

体育教师应提高专业素质和能力，以适应现代教育对体育教师的要求，适应当前体育课程改革的形势。首先，体育教师要加强学习，不断进取，努力提高学历水平；其次，学校要加大对体育教师的培训力度，使其具有更强的专业技术和更扎实的教学理论、方法和知识。最后，要加强高校体育教育专业建设，完善人才培养模式，调整课程体系，以适应基础教育体育课程改革，使毕业生的知识储备、素质、能力符合社会对体育教育专业人才的需求。

总之，体育教师要与时俱进，树立新的教学理念，确立先进的教育思想，掌握现代化的教学技术手段，不断提高自己的"一个水平、两个结构、三个职能"。"一个水平"是指自身的学历水平；"两个结构"是指教书育人的知识结构和能力结构；"三个职能"主要是指传播知识的职能、服务经济建设的职能和培养人才的职能。

（二）学生

学生是体育课程学习活动的主体，要鼓励和引导学生积极参与体育课程资源的开发。各班的体育委员、学校代表队的队员和在体育方面有一技之长的学生都是有效的人力资源，在教学和各种活动中，要充分发挥他们的热情和较强的组织能力。对有体育特长的学生，应给他们创造机会和条件，使其体育特长得以展现，如可以让他们组织其他学生做准备活动及辅助教师管理体育课、体育活动等。同时，还要利用学生爱动好动的天性，激励学生积极参与课程资源的开发，让他们自己去创造新颖的、安全的、健康的、有趣的游戏，改造自己喜欢的"成人项目"，自制体育器材和教具，通过网络和媒体收集体育信息等。

（三）其他人力资源

人力资源的开发除了占主导作用的体育教师和占主体地位的学生外，还有具有体育特长的其他学科的教师、班主任、校医、家长、社会体育指导员等。对于其他学科的有体育特长的教师，应创造机会和条件，使他们的体育特长得以展示，组织体育活动，指导学生运动队的训练；让班主任号召、组织学生积极参与课内外、校内外的多种活动；应充分利用校医或卫生保健员的特长，创造机会和条件，使其帮助、配合、支持体育教师，共同完成课程目标。校医可为学生开展保健知识、运动损伤预防与治疗方法的讲座，或者根据学生不同的身体状况进行个案病理分析，帮助学生制订体育锻炼方案，使其能够得到合理有效的体育锻炼。

要发挥家长的督促作用，组织家庭运动会、趣味运动比赛、休闲体育问答、亲子游戏活动、家庭体育活动站等，使学生与家长互动起来，协调学校与家庭体育活动，活跃校外体育活动。这样既能增进学生与家长的感情，又能拉近学校和家长的距离，还能在一定程度上实现全民健身计划。

近年来，由于国家对社会体育的高度重视，对社会体育指导员的培养加大了力度。通过各种形式的培训，在社会的不同层面，一大批社会体育指导员发挥着重要的作用，有力地推动了《全民健身计划纲要》的实施。目前，社会体育指导员已逐渐成为指导全民体育活动开展的中坚力量。在校外，可利用与开发社会体育指导员，请他们辅导、督促和帮助学生进行体育活动。在社区，要积极地发挥社区体育指导员的作用，请他们辅导学生开展体育活动。此外，还可利用社区人群的各种锻炼队伍，如秧歌队、舞剑队、舞蹈队、太极拳队等，为广大青少年树立锻炼身体的榜样。

另外，还可聘请校外体育专家、教练员指导学校体育工作；也可以请一些著名的运动员进行体育表演，以激发学生的学习兴趣。

第三节　体育设施资源的开发与利用

体育场地、器材是加强素质教育，提高高校体育教学质量，增进学生健康的物质保证。虽然国家已制订了各级学校体育器材设施配备目录，但由于我国各地经济、文化发展的不平衡，各地、各校体育器材设施配备水平不尽相同。

特别是我国许多城市，学校体育场地狭小，农村学校体育场地简陋、体育器材严重不足。在这种情况下，应当充分发挥现有体育器材设施的作用，开发其潜在功能。

一、高校体育教学器材开发利用的意义

随着新课程标准的实施，体育课改革工作也进一步深化，体育课作为弘扬我国民族体育文化的主要途径，在我国教育界的地位越来越高，学生对体育课也越来越重视。体育课改革重视对课程资源的开发，这对优化体育课教学、提高体育课教学质量有着极其重要的作用。体育器材多重功能的开发和利用，是当前体育课教学的重要组成部分，对我国新时期的体育课改革有着助推作用。现今很多体育课新教材都明确指出体育器材多重功能的开发和利用不是为了开发而开发，而是为了利用而开发，要将体育器材多重功能的开发与教学实际联系起来，以促进高校体育教学质量的增长为最终目的。在高校体育教学中，对体育器材多重功能的开发与利用的主要作用体现在两方面：一是能够激发学生的学习兴趣，提高高校体育教学的质量；二是充分发掘体育器材的功能，使体育器材的教学作用最大化。由此可见，在体育课教学中，体育器材多重功能的开发与利用是由我国现今高校体育教学发展情况决定的，是当今我国体育事业发展的必经途径，是提高我国体育课教学质量的重要保障。

在我国当前的体育课教学中，虽然很多人在极力倡导开发和利用体育器材的多重功能，但是由于对体育课程资源开发的不足，我国体育课程资源的开发，尤其是在课程内容资源的开发方面出现了很多不良现象，如在教学内容方面存在着非体育性教材涌入的现象，在体育器材的开发方面存在着生活物品涌

入的现象。这些不良现象不但不能提升体育课教学的效率，反而会影响体育课教学的开展。因此，在对体育课程资源进行开发和利用时，必须要对其进行合理的管制和约束；必须将体育器材多重功能的开发和利用与本校的实际情况联系起来，对不同体育器材的特点进行分析，然后再合理开发和利用。

二、体育器材的开发利用

（一）发挥体育器材的多种功能

一物多用、根据器材特点开发其多种功能，是解决器材品种少这一问题的好办法。例如，栏架可以用来跨栏，也可以用来射门，还可以用作钻越的障碍，等等；标枪可以用来投掷，还可以在两根标枪之间拉上橡皮筋当作跳高架，并可用作蛇形跑、钻"洞"跑、图形移动、跳跃等练习的教具；利用跳绳还可以做绳操、斗智拉绳等。

（二）制作简易器材

制作简易的体育器材不仅能解决体育器材短缺的问题，还可以培养师生的动手能力。具体制作方法有以下几种：

土洋结合，互相嫁接。例如：用木棍制成高尔夫球杆，用饮料瓶和软球打保龄球。

变废为宝，因陋就简，把废旧不用的物品重新改造成体育运动的器材。例如，用废旧的铁锹杆、锄头把等制作接力棒；用废旧的竹竿和橡皮筋制作栏架；用废旧足球、棉纱和沙子等制作实心球；用废旧布、豆子或沙子制作沙袋；用木块制作起跑器；用树桩制作"山羊"；用砖头、水泥或石块砌成乒乓球台；

用砖头、木块、竹竿代替球网；等等。

因地制宜，化旧为新。在教学过程中，可采取因地制宜、化旧为新的方法来利用那些位置固定、不易搬动和调整的大型器材和设施。例如，篮板，可以做投掷靶，肋木和单杠可以做障碍跑的"山洞"，花坛间的夹缝可以做"战壕"等。

（三）改造场地器材，提高场地利用价值

在我国，由于受竞技体育思想的影响，学校体育场地器材大多是成人化的，这实际上是忽视了学生的年龄特点和兴趣爱好。因此，有条件的学校可以将成人化的场地器材改造成适合学生活动的场地器材，努力将体育场地器材改造成学生的运动乐园，以满足学生体育活动的需要，吸引更多的学生参与体育活动。例如，降低篮球架高度；降低排球网高度；缩小足球、排球、篮球的场地等。

（四）合理布局学校的场地和器材

学校场地和器材的布局是一项重要的设计工作，应当认真研究，合理布局，最有效地利用学校空地。要因地制宜，量体裁衣，根据实际情况设置适宜的场地和器材。高校体育教学和体育活动一般都是综合性的活动内容，为方便高校体育教学和体育活动的进行，有必要布置几个综合性场区。设置综合性场区时，应注意以下几点问题：在一堂体育课中变换教学内容时，应当便于调动和观察学生，尽量做到学生在进行体育活动时互不干扰，确保学生的安全；应安排隔离通道，以防发生伤害事故；应远离教室、图书馆、实验室。

（五）合理使用场地和器材

应最大限度地挖掘场地和器材的使用空间及时间，同时注意安全问题和场地器材的保养工作。为了最大限度地挖掘场地和器材的使用空间，应当充分利用学校的空地和学校周边环境，处理好"利用"与"安全"、"使用"与"保养"的关系，认真进行实地考察和合理地统筹与规划。为了最大限度地挖掘场地器材的使用空间和时间，应当制定高校体育教学和课外体育活动场地器材的分配时间表，并要求教师或学生按指定区域和时间进行高校体育教学或体育活动。校方在制定课表时，应考虑学校高校体育教学条件的现状，最大限度地挖掘和利用场地器材。

第四节　课外和校外体育资源的开发与利用

我国地大物博，各地区的地理、气候、经济、文化等差异很大，各地区都拥有丰富和独特的校外体育课程资源，这些资源的合理开发，将为体育课程改革提供十分有利的条件。近年来，为了使体育课堂生动活泼，不少学校都开始积极地尝试开发校外的体育资源。

一、课外体育资源的开发

这里所说的课外泛指上课前、课间和课外体育锻炼时间等。可以把课间操时间延长到 20 ～ 30 分钟，开展大课间体育锻炼活动，改变课前和课间只做广播操的单一活动内容，增加防治脊柱侧弯操、眼保健操、跑步、球类活动、民间体育、游戏活动等内容。学校应抓好课外体育锻炼和校内体育比赛，保证学生每天一小时的锻炼时间。锻炼内容由锻炼小组或班级确定，学生也可以自选锻炼内容。

（一）引导学生参与课外体育活动，丰富学生课余生活

课外体育活动在时间的安排和地点的选择上都具有较高的自由度，而且课外体育活动也不只局限于校内，在校外进行体育锻炼，校内与校外锻炼相互结合，已成为课外体育发展的新方向。

1. 引导学生参与体育锻炼，营造校园体育文化

在国家推行"阳光体育与祖国同行"的热潮中，学校课外体育活动的开展与学校体育文化的氛围分不开。体育课在时间上和内容上都不允许也无法满足学生体育锻炼的要求，只有利用好课外体育活动，而课外体育锻炼的手段是以学生自主练习为主，教师可以通过课堂教学引导，让学生学会在课外时间进行体育锻炼。

为了丰富课外体育活动内涵，在校内还可以举行各种类型的体育知识讲座、体育演讲比赛、体育图片展览等活动。这些活动的展开不仅可以活跃校园文化和营造体育文化氛围，而且可以扩大学校体育活动资源，丰富学生的课余文化生活。

2. 发挥地域优势，让锻炼走出校园，延伸到野外

校外体育锻炼是指学生在学校以外参加的体育锻炼活动，充分利用自然因素（阳光、空气、水），能有效促进青少年的正常发育，提高其身体基本活动能力、运动能力和身体素质以及对客观环境的适应能力，取得动态平衡，以增进健康、增强体质。体育教师可以根据当地的实际情况，有意识地指引学生学会在校外进行体育锻炼。

（二）开展多种形式的体育活动，丰富课外体育活动的内容

课外体育活动的组织形式灵活，内容方法多样，不受大纲、教材限制，因而在学校开展课外体育活动具有鲜明的课余性、广泛的群众性。所以它的组织方法非常灵活，既可以班级形式进行，也可以小组或个人的形式进行，活动内容也丰富多彩。

1. 全校性的体育活动

在全校开展课外体育活动，是在学校统筹安排下，以年级或班级为单位进行的课外体育活动，具有一定的指令性，是课外体育活动的主体。全校性的体育活动有广播操、眼保健操、游戏、体育舞蹈等，这些体育项目的实施一般都受到学校的重视，并有相应的检查制度。

2. 班级体育活动

班级体育活动是将全班分为若干小组，在体育教师或班主任的指导下，在班干部的带领下进行的体育运动，如开展集体舞、各种体育游戏（如一分钟跳绳比赛接力）等，既可增强班级凝聚力，又可丰富班级文体活动。

3. 个人体育活动

个人体育活动可在校内也可在校外进行，学生根据自己的兴趣和实际情况，自行选择体育项目进行锻炼。体育教师在教学中要引导学生加强课外体育活动。

（三）开展课外运动竞赛，激发学生的运动兴趣

课外运动竞赛是推动校内外群众性体育运动的广泛开展和增强学生体质的基本途径之一，也是普及和提高学校体育运动的重要措施。教师可以竞赛的方式组织键球赛、踢毽比赛、其他球类的技术比赛或小型多样的趣味比赛，在竞

赛中培养和激励学生学习的积极性。各种比赛在教师的指导下，由学生共同组织参与、策划，充分锻炼学生参与活动的自主性和创新性，让他们体验参与成功的快感。

课外体育活动资源的开发利用，不仅可以开发课程内容、利用自然地理环境、改造体育设施，而且可以在人力资源和体育信息资源等方面进行开发。这就需要体育教师有意识地开发出更实用的课外体育活动的资源，丰富校园体育文化活动，促进"阳光体育与祖国同行"的开展。

二、校外体育资源的开发与利用

（一）家庭体育活动

随着物质生活水平的不断提高，人们的生活质量不断提高，体育锻炼也越来越受到人们的普遍重视。在经济发达地区和收入较高的家庭，人们已把体育作为一种生活方式和消费形式纳入正常的家庭生活。有的家庭体育锻炼习惯非常好，他们把体育活动作为家庭生活的一个重要组成部分，一家人在一起进行欢快和谐的体育运动，家长运用自己的经验和方法指导子女们进行身体锻炼，子女们也运用自己学到的体育知识、技能与技术和家长进行切磋交流，既锻炼了身体，又增进了交流，其乐融融。但是，由于经济发展的不平衡性和城乡生活方式的差异，并非所有的家庭都具有体育锻炼的条件和习惯。应运用学生的带动作用、发挥家长的督促作用，促进家庭体育活动的开展。

（二）社区体育活动和竞赛

近几年来，人们对文体娱乐活动的需求不断增大，体育作为社区开展活动的基本形式之一，受到人们的普遍欢迎，活动形式丰富多彩，活动内容五花八门，民间的、民族的、传统的、现代的应有尽有，各种体育类活动和竞赛开展得有声有色。社区领导出谋划策，专业人员组织指导，民间艺人各显其能，男女老少积极参与。特别是每到假期，各地学生利用自己的特长参与社区文体活动，为社区文体活动注入了朝气和活力，壮大了社区活动的力量。学生利用节假日积极参加社区的文体活动，不但能丰富自己的人生阅历，也是进行社会实践的好机会。

（三）区县镇村的体育活动和竞赛

区县镇村等组织体育活动和竞赛，是活跃人们的文化生活，展示良好的精神风貌，增强凝聚力，培养集体主义荣誉感的具体体现，也是社会主义精神文明建设的具体体现。各级职能部门每年都安排一些群众性的体育活动和竞赛，相关部门和单位对此大都非常重视，充分发挥体育的作用，调动人们参加体育锻炼的积极性。学校也应抓住这些机会，积极组队参加各类活动和比赛，让学生通过参加各种活动和比赛来锻炼自己，提高水平。

（四）体育俱乐部活动

体育俱乐部是最近几年发展起来的一种新的体育活动模式，大中城市和经济发达地区的小城镇以及乡村等各种规模的体育俱乐部的诞生，为人们从事体育活动提供了非常好的条件。特别是"政府投资、立足学校、自主经营、服务校内外"的体育俱乐部，为学生参加体育活动创造了物质条件。除正常的教学活动外，学生根据自己的爱好和特长，以会员的形式参加俱乐部各单项体育组织，在专业人员的指导下，掌握体育技术，提高运动技能，为终身从事体育锻炼奠定良好的基础。

（五）节假日体育活动和竞赛

近年来，"五一"、"十一"、春节等节假日不但加快了旅游业等行业的发展，也为开展体育活动和比赛提供了较为宽松的时间。学校应充分利用好各种节假日的时间组织体育活动和比赛，并积极号召学生参加各级各类体育活动和比赛，为学生提供锻炼机会。

第七章

高校体育教学模式的发展创新

第一节　体育网络课程的开发模式

一、体育网络课程开发的理论基础

（一）高校体育教学设计论

只有坚持高校体育教学设计论，才能有效地依照高校体育教学的原则，通过高校体育教学目标设计、教学策略设计、高校体育教学方法和手段的设计达到高校体育教学论网络课程教学的最优化。把高校体育教学设计论作为高校体育教学论网络课程的理论基础，其目的在于防止在开发过程中一味地追求网络教育的特性而忽视体育教育的特殊性。

（二）建构主义学习理论

建构主义学习理论认为，学习者应在一定的情境中获得知识，以"学"为中心进行学习环境设计。高校体育教学论网络课程的开发正是基于建构主义学习理论开发和实施的。因此，它要求教师在依据建构主义学习理论进行课程开发与实施的时候，强调和注重情境、问题、学习资源、协作、互动、交流、引导等支持自主学习的教学策略的设计，设计多元而又富有个性的学习内容和学习方式，给学生提供一个自主学习的环境，让学习者借助资源、交互、协作等外界帮助，通过自己的经验解释和情境关联使自己的学习适应一个特定情境的实际。

具体到体育网络课程教学中，建构主义学习理论对体育网络课程教学策略具有不可低估的作用。以体操教学为例。情境设计：体操项目多、内容丰富，可利用的器械多，而且可以采用不同的辅助练习手段，便于设计情境。独立探索：在体操教学中，教师并不是直接告诉学生该动作应该怎样做、技术要领是什么，而是先让学生根据自己现有的知识、技能和掌握的信息去独立探索，并注意在这个过程中对学生进行引导。协作学习：体操练习必须采用保护与帮助，这一手段不仅能进一步提高学生对动作技术的理解，也加强了学生之间的协作精神和团结友爱、共同提高的氛围。会话交流：体操动作技术细腻，技术环节多，容易出现技术上的不同错误，教学中的会话交流能有效地敦促学生运用现有的知识和技能，便于教师引导和学生讨论交流。意义建构：体操课的意义建构就是我们的体操教学目标建构主义模式中的情境设计，教学策略都是为它服务的多样化、兴趣化的建构主义教学策略，又易于体操教学的目标达成。因此，采用建构主义教学模式能有效地展现其模式中的情境、协作、会话、意义建构这四大属性。

（三）人本主义学习理论

以美国心理学家卡尔·罗杰斯为代表的人本主义学习理论认为，学习不是刺激与反应间的机械联结，而是个人潜能的充分发展，是自我的发展，是一个有意义的心理过程。学习是以个体的积极参与和投入为特征，在自我实现的倾向中产生的一种学习。学习者可以自由地去发挥自己的潜能，求得自己更充分的发展。因此，高校体育教学论网络课程开发在坚持建构主义学习理论的同时也必须注意到人本主义学习理论对高校体育教学论网络课程的影响，重视以学生为中心，重视创设真实的问题情境和协作学习模式，注重以培养学生主动学习、创造性学习为导向，调动学生主动参与学习过程的积极性，让学生充分获得自己想要的体育知识，挖掘自己的潜能。

二、体育网络课程开发的一般原则

（一）科学性原则

高校体育教学论网络课程开发是一个庞大的系统工程，涉及面广、影响大，因此其科学性原则要求相当高。科学性原则在高校体育教学网络课程的开发过程中主要体现在两方面：一是高校体育教学论网络教学内容的科学性；二是高校体育教学论网络课程平台的科学性。

（二）开放性、协作性与交互性并举原则

让教师方便、及时地对课程的体系和内容进行调整和更新，首要的问题就是实现其开放性。高校体育教学论网络课程的开放性必须从技术的层面和内容的层面进行开放。技术的开放要求其设计者留有必要的技术接口，以备技术升级；内容的开放要求教师调动多方面的积极性，充分利用教学资源对高校体育教学论网络课程不断充实、完善。在开放性的高校体育教学论网络课程体系中，协作性原则显得尤为重要。从网络课程开发的层面来讲，一个强大的网络课程体系，不可能仅依靠某一个教师来完成，它要求课程开发者协调工作，积极地参与到建设过程中；从学生学习的层面来讲，学生在学习过程中通过网络来进行学生与学生、学生与教师之间的协作，才能更好地协同完成学习任务。协作性观念提出的同时也对交互性提出了要求，教师通过交互可以更全面、更及时地了解各个层次学生

的学习情况，及时调控自己的课程教学；通过交互，学生可以选用不同的路径、不同的方式进行自主学习，并及时对学习结果做出反馈。开放的体育网络课程为体育网络课程体系搭建了一个平台，在这样的平台中协同工作，多向互动，充分实现师生之间、学生之间和人机之间的信息交流，可使体育课程教学成为一种多向的信息流动过程。三者的有机统一是高校体育教学网络课程开发的根本要求。

（三）可持续发展的原则

高校体育网络课程开发出现各自为政、教师盲目开发、学生用之寥寥、课程开发流于形式等不良现象，亟待我们本着可持续发展的战略思想，用科学的理论、发展的办法构建体育网络课程质量管理体系的学科规划，精心组织，带动体育网络课程开发的进一步发展，最终实现体育网络教育的可持续发展。高校体育教学论网络课程的开发同样如此，必须本着可持续发展的原则，搭建现在的学习与未来的高校体育教学实践之间的桥梁。

三、体育网络课程的开发流程

目前，网络课程开发大体分两种模式：一是教师课题组模式，二是商业公司制作模式。前者只注重从教学设计上开发网络课程，却忽略了软件开发工程思想也应贯穿整个网络课程开发，导致网络课程的开放性、协作性与交互性不强。后者只注重教材，缺乏对先进的教学设计思想、有效教学内容的组织及丰富教学活动的体现。考虑到这两种模式的局限性，以及体育网络课程要实现远程教学的特点，结合教育部高等教育司颁布的《现代远程教育资源建设技术规范》中关于现代远程教育资源系统体系结构图，对高校体育教学论网络课程开发流程提出一种既考虑软件工程设计思想，又考虑高校体育教学设计原则以及教学支撑环境的开发模式（见图7-1）。

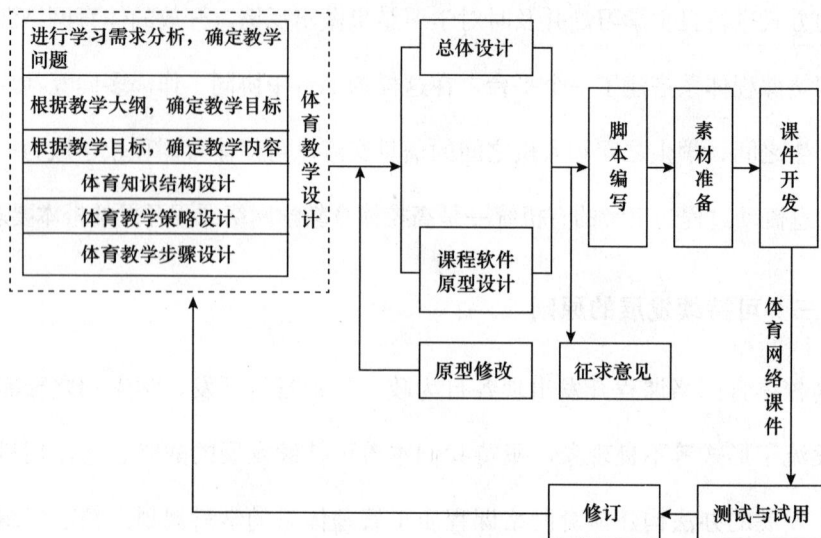

图7-1　体育网络课程开发流程

从开发流程中我们可以看出，在开发过程中运用模块化的设计思想，将高校体育教学论网络课程建设的各个部分进行划分，形成了一个稳定的开发过程和框架结构。

四、体育网络课程的教学设计

（一）设计思路

高校体育教学论网络课程教学设计的好坏决定了整个课程质量的高低。传统高校体育教学设计的弊端在于以教师为中心，只强调教师的"教"而忽视了学生的"学"，使学生处于被动接受状态，学生的主动性、积极性难以发挥。体育网络课程能有效克服传统高校体育教学设计的弊端，突出以"学"为中心，强调和注重情境创设、协作、互动等支持自主学习和协作学习的高校体育教学策略设计，使教学设计在整个体育网络课程的教学过程中发挥前导和定向功能。同时，教学设计的每一个环节要落到实处，离不开教师的主导作用。只有把教师主导作用的发挥和学生主体地位的体现有机结合，才能有效地发挥"主导与主体结合"的教学设计思想的作用（见图 7-2）。

体育网络课程实践教学设计贯彻"围绕课程内容，将理论运用于实践，将实践提升到理论"的思想。体育网络课程所有带有"实践性"的内容，其问题解决不可能在有限的理论课中解决，特别是能力的培养极大地依赖课外训练。在理论课的教学中，我们也改变了传统的教学形式，更多地运用现代教育技术手段，采取多种实践性教学模式，如参与讨论的模式、案例教学模式等。

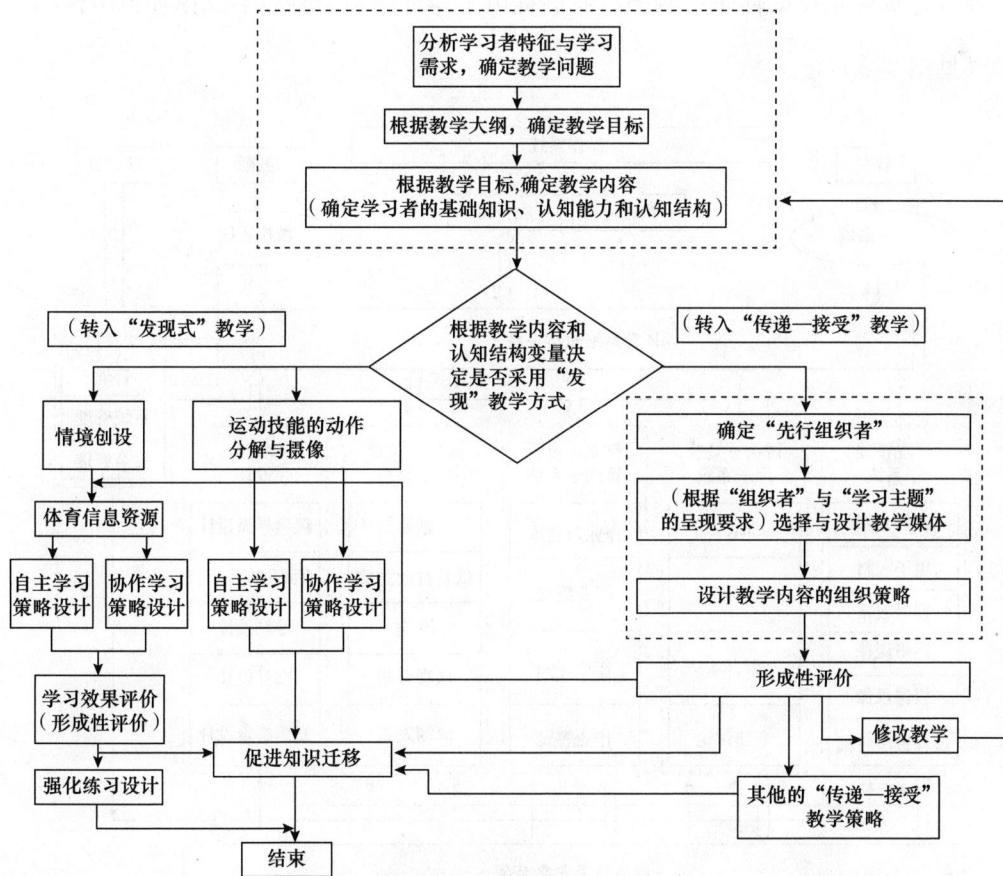

图 7-2 "主导—主体结合"教学设计流程

（二）课程环境设计

体育网络课程支撑环境是指支持体育网络教学的软件工具、教学资源以及在网络教学平台上实施的教学活动。课程开发过程中要遵循的所有原则都应该在这里得到充分体现。因此，体育网络课程教学支撑环境的设计是体育网络课程开发的一个最重要环节。一个完整的高校体育教学支撑环境的设计应该由体育课程管理子系统、作业管理子系统、试题管理子系统、讨论答疑子系统以及功能设计子系统组成。结合《现代远程教育资源建设技术规范》中关于现代远程教育资源系统的体系结构图，我们提出了体育网络课程教学支撑环境结构图（见图7-3）。

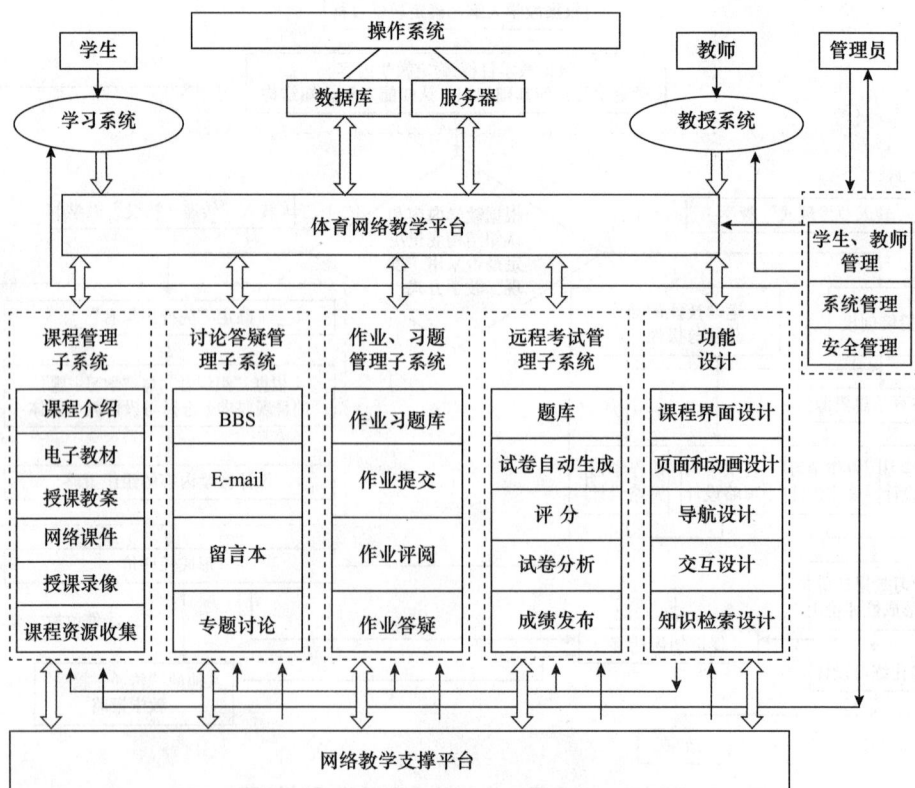

图7-3 体育网络课程教学支撑环境结构

在这五个子系统中，课程管理子系统是核心，其他的子系统服务于课程管理子系统。在具体的设计过程中，要考虑简洁实用、灵活、易扩充，要突出网络课程的优势，要将学生自主学习与教师有效指导结合起来。

（三）体育课程教学管理系统设计

体育课程管理子系统包括课程介绍、电子教材、网络课件、授课教案、授课录像、课程资源收集六个部分。为了让学习者扩充自己的知识，了解到更多的相关体育知识，进入更深层次的研究，设计者在课程管理子系统部分特意增加了体育课程资源收集模块。

讨论答疑子系统的设计目的在于发挥教学两方面的积极性，活跃气氛和鼓励创造性思维的发展，学习者和教师可以在此畅所欲言，就学习、生活、实践中遇见的重点、难点、热点问题进行交流，答疑解惑。

作业及试题管理两个子系统是为教师检查学生对教学内容的理解而设计的学生在线完成的习题，可即时得到成绩，同时计算机会自动将学生做题情况发给教师，及时向教师反馈每个学生的学习情况。教师根据作业完成情况，提供必要的作业答疑，以方便学生理解和掌握。

功能设计子系统的主页面上采用导航按钮或导航图标，章节导航采用下拉菜单的形式，这样设计的目的在于方便学生在各个页面和各个知识点之间实现跳转。由于体育网络课程的特殊性，设计者在这一模块中增加了动画设计，教师可以把体育运动技能的动作用动画的形式进行分解，采用慢放、回放等形式，方便学生掌握运动技能。

第二节　有效高校体育教学模式的特征与实施

一、有效高校体育教学模式的基本特征

（一）致力于促进学生健康成长的指导思想

合目的性是创建有效高校体育教学模式的首要依据。从合目的性这一视角来看，有效高校体育教学模式的创建必须确立致力于促进学生健康成长的指导思想。众所周知，自改革开放以来，我国中大学生的体质健康状况呈现出持续下降的趋势，造成这一现象的原因是多方面的，一是由于生产和生活方式的快速变迁，青少年学生在日常生活中体力活动越来越少；二是由于一些学校片面追求升学率，没有按国家规定开齐上好体育课，课外体育活动流于形式；三是由于独生子女普遍受到溺爱，部分学生意志品质和吃苦耐劳思想的缺失。因此，扭转青少年学生体质健康状况持续下降的趋势是当前我国学校体育工作的首要任务，促进学生健康成长理所当然应该成为创建高校体育教学模式的指导思想。

（二）致力于提升高校体育教学有效性的教学理念

如果说高校体育教学模式是一种外在的教学程式，那么，有效高校体育教学模式的核心理念就是致力于提升高校体育教学的有效性。高校体育教学的有效性可以分为三个层次和三个维度。高校体育教学有效性的第一个层次是高校体育教学是否有效果，即通过高校体育教学，学生是否有收获；第

二个层次是高校体育教学是否有效益，即通过高校体育教学，学生是否发生了积极的变化；第三个层次是高校体育教学是否有效率，即在相对固定的时间内，通过高校体育教学，学生是否获得了尽可能大的进步。考查高校体育教学有效性的第一个维度是高校体育教学是否有助于学生体质健康水平的提高，强身健体始终是高校体育教学的本质追求，也是体育课程实施过程中落实"健康第一"指导思想的基本要求；第二个维度是高校体育教学是否有助于学生运动技能和方法的掌握，因为运动技能既是全面达成体育课程目标的重要载体，也是激发学生体育兴趣，养成终身体育习惯的依托所在；第三个维度是高校体育教学是否有助于学生的心理健康和社会适应，高校体育教学对于培养学生优良的心理品质和社会适应能力具有独特的作用。总而言之，全面提升高校体育教学有效性是创建和运用有效高校体育教学模式的重要理念。

（三）综合发挥各种教学方式优势的教学方法体系

教师教学方式的变革和课堂教学行为的重建是我国基础教育体育课程改革的重点和难点问题，也是本次课程改革的热点和亮点。强调学生的主体性发展及创新精神和实践能力的培养是新课程教学方式变革的重要特征，在新课程的课堂教学改革中，学生的主动参与是实现其学习方式转变的核心。也就是说，教师应树立主体性教学思想，真正落实学生在课堂教学中的主体地位，改变学生以往被动、机械的学习状态，形成多样化的学习方式，积极引导学生进行自主性学习、有意学习和发现学习。在此基础上，不仅要使学生掌握系统扎实的基础知识和基本技能，形成良好的情感态度和价值观，而且要具有较强的创新精神和实践能力。在主体性教学思想和建构主义学习理论的影响下，不少一线教师对自主学习、合作学习、探究学习等教学方式进行了积极的尝试，也积累了许多有益的经验。不过，高校体育教学方式的变革应该避免形式化和绝对化，不应过分强调自主学习、合作学习、探究学习的优点而贬低接受性学习的作用。高校体育教学方法具有多样性，它们分别适用于不同的教学对象、教学目标及不同的教学内容，没有哪一种教学方法是万能的，因此，有效高校体育教学模式应摒弃那种非此即彼的片面取舍性思维，建立能综合发挥各种教学方法优势的教学方法体系。

（四）既考虑高校体育教学效果的迟效性，也注重高校体育教学效果的长效性

高校体育教学很难收到"立竿见影"的成效，无论是运动技能和方法的习得，还是学生体能的发展，都需要一个循序渐进和逐步积累的过程。运动技能的学习要经历习得、保持和迁移的过程，运动技能的形成是指通过练习从而逐渐掌握某种外部动作方式并使之系统化的过程，可以分为认知阶段、联系形成阶段和自动化阶段。运动技能是在大量练习的基础上获得的，因为大量的练习往往意味着过度学习，而且在练习过程中常凭借外部反馈信息来不断校正动作。因此，经过过度学习的任务是不易遗忘的。研究表明，运动技能越复杂，练习量越大，遗忘发生得越少；运动技能越简单，练习量越少，遗忘越明显。由此可见，学生运动技能和方法的掌握需要经历一个漫长的过程。有效高校体育教学模式既要从局部考虑一节体育课、一个高校体育教学单元或一个选项教学模块给学生带来的收获和进步，也要从整体上考虑一个学段甚至学生的整个学校学习生涯的体育学习成效；既要看学生在某一局部时间内体育学习的阶段效果，也要从终身体育的角度看学生体育学习的长远效果。

（五）既考虑高校体育教学效益的普遍性，也注重高校体育教学效益的个体性

如果说高校体育教学效果注重的是通过高校体育教学学生发生的变化，那么高校体育教学效益则强调这种变化是积极和有价值的。毋庸置疑，体育课程的价值具有普适性，它对所有学生都具有提高体质健康水平、学习和掌握运动技能和方法、促进心理健康和社会适应能力发展的积极作用。不过，体育课程的普适价值具有较大的差异性，这种差异性主要表现在三个方面：一是地区之间的差异。我国幅员辽阔，各地经济、文化、教育、体育、习俗等存在着较大的差异，而且文化和习俗等方面的差异是难以消除的，因为文化具有多样性；二是学校之间的差异。教育资源的不平衡是当前我国教育发展的一个普遍现象，城市学校与农村学校、重点学校与一般学校在体育课程资源方面的差异是相当明显的；三是学生个体之间的差异。学生在身体发育、运动能力、体育需求、性格和气质等方面的差异是客观存在的。因此，有效高校体育教学模式既要发挥体育课程的普适性价值，也要注重高校体育教学效益的个体性，使每一名学生都学有所获，学有所成。

（六）既考虑高校体育教学效率的相对性，也注重高校体育教学效率的综合性

高校体育教学效率是指在某一时段内学生进步和发展的程度，学生进步大、发展快则意味着效率高，而学生进步小、发展缓慢，则意味着效率低。一方面，高校体育教学效率具有相对性，不同的任课教师、不同的教学内容、不同的教学方式很可能有着不同的教学效率。体育教师对高校体育教学有效性的理解及教学方式、教学组织形式、教学手段等教学策略的设计和运用，在很

大程度上决定着高校体育教学的效率。练习密度是衡量体育课堂教学效率的一个重要指标，因为身体练习既是学生习得运动技能和方法的必要条件，也是发展体能的重要保证。如果教师能根据教学目标和教学内容的特点恰当地选用教学方式和教学组织形式，恰到好处地做到精讲多练，就可以提高练习密度，获得相对较高的教学效率。另一方面，高校体育教学效率还具有综合性，这是由体育课程价值的多元性所决定的，因此，有效高校体育教学模式要注重发挥高校体育教学的综合效应。体育课程的多种价值是相互促进、相辅相成的关系，只有正确处理好身体发展、运动技能和方法的习得、心理素质和社会适应能力的培养等各种主要价值之间的关系，才能切实提高高校体育教学的综合效应。

二、有效高校体育教学模式的实施

有效高校体育教学模式的实施主要包括分析高校体育教学情境、明确体育学习目标、精选体育学习内容、实施高校体育教学过程、开展体育学习评价等五个主要环节。

（一）分析高校体育教学情境

全面、准确地分析学校的高校体育教学情境是运用有效高校体育教学模式的起点，也是因材施教、因校制宜的需要。因材施教体现了主体性教学思想，体现了新课程"以学生发展为中心"的理念；而因校制宜则是落实新课程"关注地区差异和个体差异，保证每一位学生受益"理念的要求。高校体育教学情境分析主要包括学生主体情况的分析和高校体育教学资源的分析，其中，学生主体情况分析是因材施教的基础，是避免以学科为中心或以教师为中心的重要保证；而学校高校体育教学资源分析则是因校制宜的前提条件，主要是分析学校可供利用的运动场地、体育器材和设备及学校的体育传统等。

学生主体情况的分析通常简称为学情分析，是指对学生身体、心理、体育基础、班级情况等方面情况的分析。学情分析可以从两个层面进行：一是从宏观层面分析不同学习水平学生在身体形态、身体机能、身体素质、心理素质等方面身心发展的年龄特征；二是从微观层面具体分析授课班级在体能状况、运动技能基础、心理素质与社会适应能力、兴趣爱好、组织纪律等方面的具体情况。学生身体素质发展的特点和不同年龄阶段学生的心理特征是学情分析的两个重要方面，其中，身体素质方面主要分析学生身体素质发展规律、敏感期及力量、速度、耐力、协调、柔韧等各项身体素质的年龄差异；而心理特征方面主要分析学生在注意、思维、意志三方面的心理特点。

（二）明确体育学习目标

在传统的体育课程目标体系中，体育学习目标通常以"教学目标"的方式来表述，主要是体现教师的教与学生的学的共同目标。从国内外当代体育课程理念来看，体育课程的最终目标是要服务于学生发展的需要，因此，以体育学习目标来表述更为恰当。体育学习目标是高校体育教学活动期望达到的预期结果，它在有效高校体育教学模式中具有十分重要的作用，是评判高校体育教学有效性的重要依据。

首先，体育学习目标的制定要从体育课程的总目标出发，服务于学生健康成长的体育需求。《义务教育体育课程标准（2011 年版）》指出，体育课程对于实施素质教育，培养学生的爱国主义、集体主义精神，促进学生德、智、体、美全面发展具有重要的意义。通过课程的学习，学生将掌握体育的基础知识、基本技能与方法，增强体能；学会学习和锻炼，发展体育实践和创新能力；体验运动的乐趣和成功的喜悦，养成体育锻炼的习惯；发展良好的心理品质、合作与交往能力；提高自觉维护健康的意识，基本形成健康的生活方式和积极进取、乐观开朗的人生态度。高校体育教学作为体育课程实施的核心路径，理应为实现体育课程的总目标服务。

其次，有效高校体育教学模式下体育学习目标的制定要体现学生主体的理念，学习目标的表述要强调行为主体是学生，即通过高校体育教学学生所获得的进步和发展。在体育课程的总目标下，新课程划分了四个学习方面，明确指出学习方面目标是指期望学生在运动参与、运动技能、身体健康、心理健康与社会适应四个学习方面达到的学习结果，即期望学生通过体育课程的学习在这些方面发生良好的变化。四个学习方面的目标是课程目标的具体描述和体现。也是水平学习目标确立的依据，在课程目标和水平学习目标之间起着承上启下的作用。

最后，在制订最为具体的体育课堂学习目标时，应注重课堂学习目标的全面性、明确性和层次性。虽然新课程划分为运动参与、运动技能、身体健康、心理健康与社会适应四个学习方面，但这四个学习方面是一个密切联系的整体，不能割裂开来进行教学。体育课堂学习目标不一定要面面俱到，但需要注意学习目标的全面性，即既要有运动技能学习方面的目标，又要有身体健康学习方面的目标，还应有心理健康与社会适应学习方面的目标。体育学习目标的明确性则是指所制订的学习目标要明确具体，不要用类似"发展学生体能""掌握××运动技能"这样笼统的表述，建议用如"进一步学习箱上前滚翻的完整动作，80％的学生能在保护帮助下完成""通过各种各样的跳绳练习，发展下肢力量、协调性、灵敏性等身体素质"之类的表述。体育学习目标的层次性则是指学生的体育课堂学习目标要有主次之分，即课堂教学要使学生重点要在哪一方面发生良好的变化。

（三）精选体育学习内容

体育学习内容是为实现体育学习目标而选用的体育知识和运动技能，它是有效达成体育课程目标的重要载体。运动技能的传授和学习在体育课程中具有十分独特的地位。由于"课程标准"改变了以往"教学大纲"以运动技能为主线进行编制的形式，在各个学段没有列出具体的运动技能要求，曾引起了新课程要"淡化运动技能"的误解。事实上，运动技能不仅本身是新课程的一个重要学习方面，而且是实现运动参与、身体健康、心理健康与社会适应等其他学习方面的重要载体。因此，在有效高校体育教学模式的运用中，教师要善于精选有助于实现课程目标的运动技能，并优化运动技能的教学过程。

选择和设计体育学习内容是在有效高校体育教学理念下编制高校体育教学计划的重要步骤，因为"课程标准"并没有规定具体的教学内容，这使得运动技能的选择成为一个必不可少的步骤。尽管相关文件在每一大类体育运动项目中都列举了许多的项目，但这是"列举"，不是要求"必学"，主要目的是供学校和体育教师参考，学校和体育教师可以根据学校的实际情况，对每一大类运动中的项目进行选择，所选的项目应该教什么技能，怎样教技能，完全由学校和体育教师决定。运动技能学习的选择性在高中阶段更为突出，因为普通高中体育课程标准在把运动技能划分为球类项目、体操类项目、田径类项目、水上或冰雪类项目、民族民间体育类项目、新兴运动类项目等6大系列的基础上，实施选项教学。

在有效高校体育教学模式的运用中，不仅需要对体育学习内容进行选择，而且要对所选择的学习内容进行课程化改造。竞技运动是大学生喜闻乐见的体育活动，具有很高的体育课程价值，但不能把竞技运动生搬硬套地移植到体育课堂教学中，而需要进行适当的改造。竞技项目课程化改造的目的是要避免学生对所喜爱的竞技运动"叹为观止"，使其在体育学习过程中体验到学习的乐趣，强化内心的成功体验，真正变"要我学"为"我要学"。体育学习内容改造的总原则是使之适合学生学习的需要，可以从以下几个方面着手：一是改变成人化的场地器材规格，二是改变竞技化的竞赛规则，三是改变规范化的组织形式。

（四）实施高校体育教学过程

高校体育教学过程是实现体育学习目标的实践性环节，它是学生在教师有目的、有计划地组织和指导下，学习体育基本知识、基本技能和方法的过程。高校体育教学过程在很大程度上决定着高校体育教学的有效性，高校体育教学效果有多少、教学效益有多大、教学效率有多高，往往取决于高校体育教学的实施过程。

1. 高校体育教学过程的步骤

课堂教学是高校体育教学的基本单位，依据人体生理机能活动变化的规律、运动技能形成与发展的规律、学生心理活动过程的规律、认知规律等，可把体育课堂教学的基本过程划分为激趣热身、技能学练、提高拓展、放松授课四个主要步骤，每个步骤分别具有不同的学习目标，分别采用相应的教学方式及教学组织形式（见表7-3）。

表7-3　体育课堂教学过程分解表

教学环节	激趣热身	技能学练	提高拓展	放松授课
主要目标	1. 激发学习兴趣 2. 明确学习目标 3. 做好准备活动	1. 学习运动技能 2. 提高学习热情 3. 培养学习能力	1. 运用运动技能 2. 发展体能 3. 情感教育	1. 做好放松活动 2. 小结学习效果 3. 引导延伸学习
主要方法	讲解法、示范法、练习法、自主学习等	讲解法、示范法、练习法、合作学习法	练习法、游戏法、竞赛法、探究学习等	讲解法、练习法、自主学习等
主要特点	以集体学习为主，可结合分组练习，重视专门性准备活动的作用	在教师指导的基础上，学习运动技能，分组练习与集体练习相结合	结合本课主教材拓展练习，学会运用运动技能，发展体能和心理健康与社会适应	以舞蹈等放松性练习为主，肯定优点，找准努力方向，引导课后练习

体育课堂教学过程的各个步骤是一个有机联系的整体，之所以分解成四个主要步骤，主要是为了加深对有效体育课堂教学实施过程的认识。需要说明的是，表7-3中各教学环节所阐述的"主要目标"和"主要方法"强调"主要"方面，在实际教学中并不仅局限于此。

2．技能学练的主要环节

技能学练作为有效高校体育教学过程的核心环节，还可细分为教师指导、体验练习、优生展示和强化练习四个小环节。

3．实施高校体育教学过程把握好的高校体育教学策略

高校体育教学策略是指为实现体育学习目标而创设并付诸实践的教学方法、教学手段和教学组织形式等，它是提高高校体育教学有效性的重要保证。教学策略在国外早有研究，但在我国起步较晚，至今没有形成统一的定义。有学者提出：教学策略具有动态的教学活动维度和静态的内容构成维度。在动态的教学活动维度上，它是指教师为提高教学效率而有意识地选择筹划的教学方式与灵活处理的过程，其明显特征是：第一，对学习目标的清晰意识和努力意向；第二，具有对有效作用于教学实践的一般方法的设想；第三，在目标实现过程中对具体教学方法进行灵活选择和创造。教学策略的静态内容构成是动态教学活动维度的反映。具有三个层次：第一层次指影响教学处理的教育理念和价值观倾向；第二层次是对达到特定目标的教学方式的一般性规划的认识；第三层次是具体的教学手段和方法。这一描述呈现了一幅关于教学策略的生动的"全息图像"，有效地避免了盲人摸象式的分解式定义，对教学观念、一般方式、具体方法三个层次的划分也十分准确、清晰。不过，具体到有效高校体育教学模式的创设与实施，可以着重从教学方法、教学组织形式、教学手段三方面入手，寻求能切实提高高校体育教学有效性的教学策略。

第一，注重高校体育教学整体效益的获得是当代高校体育教学改革的一个重要趋势。高校体育教学方法、教学组织形式、教学手段等教学策略的创设和运用要有利于学习目标的达成。高校体育教学方法包括教师教的方法和学生学的方法，教师要从教法和学法的有机结合、多种教学方法的综合运用上考虑教学方法的有机整合，从而谋求高校体育教学的整体效益。

第二，高校体育教学策略的创设和运用要处理好教师的教和学生的学之间的辩证关系。高校体育教学是一种有目的、有计划、有组织地培养人的社会实践活动，其基本功能是把人类积累的体育知识与运动技能转化为学生的体育文化素养，促进他们身心健康的全面发展，使他们成为具有创新精神和实践能力的高素质人才。在这一过程中，体育教师受过专门的职业训练，具有较高的体育运动技术水平和教学技能，具备正确引导学生接受良好体育教育的能力。也就是说，体育教师在高校体育教学中起着主导作用。但是，体育教师的主导作用并不是万能的，而是有条件的。首先，无论体育教师对学生采用哪种方法进行教学（如讲解法或动作示范法、分解法或完整法、游戏法或竞赛法），都必须通过学生的独立思考、理解与练习才能转化为他们自身的体育知识和能力。例如，无论体育教师具备多么高超的运动技术水平，也无论体育教师的讲解多么精彩、动作示范多么优美、教学技能多么娴熟，只有唤起学生的学习热情，才能真正发挥体育教师的主导作用。其次，体育教师的主导作用必须从学生身心发展水平的实际出发，适应他们身心发展的规律，如体育学习目标的制订、学习内容的选择及教学方法的设计与运用等，都必须根据学生的身心发展水平来确定。简而言之，只有充分调动学生的积极性、主动性和创造性，真正落实学生在高校体育教学中的主体地位，才能有效发挥体育教师的主导作用。

第三，高校体育教学策略创设和运用在强调学生主体性的同时，不能片面否定体育教师的主导作用，否则就会矫枉过正，从重教轻学滑向重学轻教的另一个极端。学生是教学过程中的主体，学生的主体性就是学生在课堂教学中表现出来的选择性、自主性、能动性和创造性。不过，学生作为课堂教学的对象，作为成长中的主体，还具有受动性、依附性和模仿性等特征。

（五）开展体育学习评价

有效高校体育教学模式的评价是从教学效果、教学效益、教学效率三个维度对高校体育教学计划、高校体育教学过程及高校体育教学结果进行的评估判断。有效高校体育教学模式的实施要注重发挥评价的诊断功能和调控功能。

从诊断功能来看，评价是对教学结果及其成因的分析过程，借此可以了解高校体育教学各个方面的情况，从而判断教学的成效和缺陷、矛盾和问题。全面而准确的体育学习评价不仅能评估学习目标的达成程度，而且还能揭示教学效果不良的原因，它如同进行体格检查，可以对教学现状进行严谨的诊断，进而为教学决策和改进提供反馈。从调控功能来看，学习评价的结果必然会得到一种反馈信息，从而使教师和学生能及时了解自己教和学的情况，从而为教和学的策略调整提供依据，进而有效地改进教学。在有效高校体育教学模式的实施中，教师要善于根据评价所反馈的信息，更加准确地分析高校体育教学情境，及时修订教学计划，改进教学过程，以进一步提高高校体育教学的有效性。

三、有效高校体育教学模式的实施决策

（一）切实提高运动技能教学的有效性

1. 正确认识运动技能教学的重要性

运动技能教学在有效高校体育教学模式中具有十分重要的作用。一方面，它是体育课程区别于语文、数学、英语等文化课程的一个重要特征，是体育课程重要的学习内容；另一方面，运动技能也是实现体育课程其他学习方面目标的主要途径。为了防止个别专家或体育教师的误解或误导以及一些体育教师在高校体育教学中存在淡化运动技术教学的倾向，突出强调运动技能教学的重要性，《义务教育体育课程标准（2011年版）》十分明确地将体育课程的性质规定为：本课程是以身体练习为主要手段，以学习体育知识、技能和方法为主要学习内容，以增进学生健康，培养终身体育意识和能力为主要目标的课程。这

更加有助于体育教师明确体育的知识、技能和方法是必须教的。当然，这句话强调的另一层意思是，体育教师不仅必须教运动知识和技能，还要重视教学生体育学习和锻炼的方法，促进学生学会体育学习和锻炼，培养学生的体育学习能力，从重运动知识和技能的传授向重学生体育学习和锻炼能力的培养转变。发达国家体育课程改革的一个重要特征是，既把运动技能的学习当作一个重要目标，又把运动技能教学当作一种重要手段，注重通过身体练习来掌握运动技能，进而实现其他学习方面的目标。

2．合理构建运动技能教学的内容结构

在正确认识运动技能教学重要性的同时，新课程的实施要特别注重运动技能内容结构的合理构建。众所周知，"课程标准"较之以往"教学大纲"的一个重要变化是再也没有直接规定各学段各年级的具体教学内容，这给体育教师根据学校具体的教学情境实施个性化教学创造了条件，也使运动技能的选择与设计成为一种必需。这种变革曾经给许多一线教师带来了诸多不适应。强调根据具体的高校体育教学情境实施运动技能的个性化教学，无疑是基础教育体育课程改革的一个重要进步。我国幅员辽阔，各地经济、文化、教育、体育、气候、习俗等差异巨大，只有从各地各校的实际情况出发，密切联系学生的生活，充分考虑学生健康成长和未来发展的需要，精心选择运动技能，合理构建学习内容体系，才能切实提高高校体育教学的有效性。

体育学习内容的设置曾引起过比较广泛的争议。事实上，可替代性是高校体育教学内容的一个重要特点，正是基于这一特点，新课程提出了"目标引领内容和方法"的教学实施思路。这就要求体育教师应具备合理构建运动技能学习内容结构的能力，如果在高中阶段还在教学生前滚翻这类简单动作，显然是不合适的。只有掌握了人类动作发展的基本规律，对人类动作发展进程有了清晰的认识，知道了学生各个年龄阶段最合适他们发展的那些体育知识、技术，同时又知道这些体育知识、技术在学生身上是遵循怎样的规律发展的时候，才能有信心地说：这样的体育知识、技术，在这个年龄进行教学是最适合学生发展需要的。总而言之，体育学习内容的选用，既要考虑学生的年龄特征，又要考虑学生的生活实践；既要考虑到学校的现实条件，又要考虑到学生的传统文化；既要考虑到运动技能教学的有效性，又要考虑到全面实现体育课程目标的有效性。

3.熟练把握运动技能教学的基本规律

运动技能形成与发展的规律是高校体育教学必须遵循的重要规律之一，只有熟练把握运动技能教学的基本规律，才能切实提高高校体育教学的有效性。通常认为，运动技能的形成与发展包括三个阶段，即体验尝试阶段、改进提高阶段、建立动力定型阶段。在运动技能形成与发展的三个阶段，学生有着不同的心理活动特征和动作表现，教师需要根据实际情况设定适宜的学习目标并选用恰当的教学方法（见表7-4）。

表7-4 运动技能教学分解表

	心理活动特征	动作表现	主要学习目标	教学要点
体验尝试阶段	大脑皮质神经活动处于泛化阶段，内抑制力较弱，活动中主要依靠视觉控制调节动作	动作的准确性、灵活性差，经常出现多余的、错误的动作，动作表现为慌乱、呆滞、不协调；学生对运动中的错误动作或正确之处不能作自我分析	在教师的有效指导下，通过体验和尝试，建立正确的动作概念和动作表象	强调教师的主导作用，讲解简明扼要，动作示范准确优美，充分调动学生学习的积极性，有效地引导学生进行体验和尝试

续表

	心理活动特征	动作表现	主要学习目标	教学要点
改进提高阶段	大脑皮质神经活动逐渐形成分化性抑制，兴奋和抑制过程的转化，在时间上显示为合理而有规律，在空间上也趋于准确	运动中的紧张、慌乱现象，多余、错误动作逐渐消除。学生在完成一项运动动作之后，自己已能对动作完成的质量和正确与错误之处进行分析评估，并在下次练习中改进	经过分解和完整的反复练习，不断提高运动技能水平，初步形成运动技能	教师主导与学生主体相结合，精讲多练，强化练习的重复性和规范性，帮助学生逐步形成正确的本体感受，强化运动记忆
建立动力定型阶段	大脑皮质内兴奋与抑制过程更加集中，神经运动过程更为精确，运动技巧达到"自动化"程度	动作精确熟练，轻松协调，能充分表现人体动态的美；学生能对自己或他人完成动作的质量进行适当的评价	通过反复练习不断地巩固运动技能。逐步建立动力定型，最后上升为运动技巧	注重学生的自主体验，通过变换练习方式及游戏法与竞赛法的运用，不断改进和提高动作质量，体验成功的乐趣

　　运动技能的学习和掌握具有较强的复杂性，在学生学习和掌握运动技能的每个阶段，教师都要恰当地使用引导、表扬、激励、批评等方式和方法，及时地反馈给学生运动技能学习过程中所出现的各种信息，激励学生学好运动技能，使不同水平、不同层次的学生学有所得，学有所乐，也使学生及时对自己的学习进程进行调整，提高自我学习、掌握运动技能的能力。从运动技能形成与发展的规律来看，运动技能的学习和掌握需要反复进行大量的练习，以加深学生的本体感受，最终形成动力定型。当然，上述运动技能形成与发展阶段的划分，是相对同一运动技能而言的，不同运动技能的形成与发展所需要的时间是不一样的，动作难度大、比较复杂的运动技能所需要的时间相对长一些，反之，则短一些。此外，学生学习和掌握运动技能的进程也存在个体差异，有的学生学得快一些，而有的学生则可能慢一些。因此，教师要善于分析运动技能的特点和学生的实际情况，以切实提高运动技能教学的有效性。

4．合理组织好运动技能教学的练习

练习是学生学习和掌握运动技能的重要条件，教师要在优化运动技能学习指导的基础上，分析影响练习效率的因素，恰到好处地组织好练习活动。

要明确练习的目标和要求。这是影响练习效率的最重要的因素。练习目标明确，要求具体，可以调动学习者的学习热情，提高练习的主动性和积极性，使练习常处于意识控制之下，排除干扰，克服困难。同时，具体明确的练习要求、难度适中的练习目标对提高练习效率有更大的促进作用。

要合理分配好练习时间。运动技能的学习需要充足的时间进行练习，因此要制订出合理的时间分配表。根据时间分配上的不同，可以把练习分为集中练习和分散练习两种。集中练习是指长时间不间断地进行练习，直到掌握某种运动技能为止，中间不安排休息时间；分散练习是指把练习分成若干阶段，在各阶段之间插入适当的休息时间。运动心理学实验表明，分散练习的学习效果要优于集中练习。这就要求体育教师要安排好运动技能的教学单元，循序渐进，逐步掌握运动技能。

要合理运用完整练习和分解练习。获得运动技能的练习方法主要有完整练习法和分解法。所谓完整练习，是指把要学习的运动技能作为一个整体重复加以训练的练习形式；而分解练习则是把一整套完整的运动技能分解成同时或具有先后次序的练习形式。采用完整练习还是分解练习，应视运动技能的性质及复杂程度而定。一般认为，当运动技能的各部分独立性大或运动技能较为复杂时，采用分解练习的效果好；而当运动技能较为简单或运动技能的结构严谨、完整，需要细心整合时，则采用完整练习的方式效果更好一些。

给学生提供及时的反馈。学习者只有及时从自己的动作或动作结果中得到反馈信息，才能了解自己动作的正确与错误，通过练习把正确动作巩固下来，

舍弃错误动作，以提高练习效果，从而促进运动技能的学习。因此，简单机械地重复练习不可能改善运动技能的学习，在练习过程中及时把练习中的各种信息反馈给学习者，是促进运动技能学习的重要外部条件之一。学习者一般通过视觉、听觉、触觉、动觉和平衡觉来获得练习的反馈信息。在通常情况下，在练习初期主要通过外部反馈获取练习效果的信息，即学习者大多是通过视觉通道或听觉通道来获取反馈信息，在练习后期则主要通过运动感觉来获取反馈信息。教师为学生提供的反馈信息应该以正面的信息为主，即多肯定练习的正确之处，以激发学生学习的积极性。

（二）合理运用新课程倡导的学习方式

1. 新课程倡导教学方式的多样化

基础教育体育课程改革的成功与否，在很大程度上取决于高校体育教学改革的突破和进展，取决于实际教学能够在多大程度上彰显高校体育教学方式改革的时代特征。20 世纪后半叶，在建构主义学习理论日趋成为世界各国教学领域主流教学理念的背景下，教学方式的改革与发展呈现出一些新的特点，这些新的特点正在越来越深刻地影响我国体育课程与教学的改革。21 世纪教学方式改革与发展的新趋势主要表现为以下几个方面：注重发展学生的智能，培养学生的创造力；以学论教，重视对学习方法的研究；重视学生情感在教学中的作用；强调学习方式的整体化和综合化。变革体育学习方式，既是我国基础教育课程改革的大势所趋，也是体育课程与教学改革的本意所在。新课程提出，必须高度重视教学方法的改革，注重学生的学法研究，引导学生学会学习，提高学生自学、自练的能力，教师要给学生营造合作学习的氛围，要为学生提供机会，培养他们的创造能力。

转变教学观念，促进教学方式的变革与优化是当前体育课程改革的重要工作。高校体育教学方式的变革与优化，意味着要充分体现和有效激励学生参与体育学习的主动性、探究性和合作性，意味着即使是"教师讲—学生听，教师做—学生看，教师巡—学生练"，也应该致力于唤起学生主动学习的热情，让学生在教师的"教授"之后具有主动探究并与同伴分享体育学习乐趣的意愿和能力，进而有效提高学生的健康水平、健康素质和体育文化素养。新课程强调，要改变过去过于强调接受式教学的教学方式单一化现象，倡导教学方式的多样化。于是，注重培养学生创新精神和实践能力的自主学习、合作学习、探究学习等学习方式，在体育课程实施中受到了前所未有的重视。

2. 学习方式的多样化要立足于全面提升高校体育教学的有效性

高校体育教学方式的变革是新课程教学改革的重要内容，新课程倡导的自主学习、合作学习、探究学习等新型学习方式，对激发学生的学习兴趣，培养学生的创新精神和实践能力具有接受式学习方式所不具备的优势。不过，任何教学方式的创设和运用都是以实现学习目标为出发点的，以促进学生发展为最终归宿。教学方式是否得当，直接影响着高校体育教学效果的好坏、教学效益的大小及教学效率的高低，在较大程度上决定着高校体育教学的有效性。因此，体育学习方式的选择与运用，应在充分体现新课程育体与育人相结合理念的基础上，致力于促进学生体育的知识与技能、过程与方法、情感态度与价值观的整体目标的实现，发挥体育促进学生全面、健康发展的重要作用。体育学习过程，不仅是身体锻炼、提高体能的过程，也是陶冶情操、锻炼意志、感受人生的过程。有效的高校体育教学方式，能够使学生真正融入体育的学习中去，为其今后的学习、工作、生活等多方面的发展奠定良好的健康基础。

自主学习、合作学习和探究学习分别有着各自的含义。自主学习是指通过教师的激励和指导，充分调动学生的积极性和主动性，使学生在自我练习、自我体验、自我评价与相互评价的过程中掌握体育的基础知识和运动技能，学会锻炼身体的方法，并养成终身体育意识和行为习惯的一种学习方式。自主学习的主要特征有：教师指导但留给学生较大的自主学习空间；学生参与确定学习目标，选择学习内容并确定进度、方法、策略，参与学习的监控和效果评价；学习过程有积极的情感投入、情感体验与内在动力的支持。

合作学习是以学习小组为基本形式，利用动态因素的互动促进学习，以团体成绩为标准，共同完成体育学习目标的一种学习方式。合作学习不仅有助于发挥群体的积极性和创造性，提高学习质量，而且对培养能力、发展良好的人际关系具有独特作用。它主要包括同学间紧密配合完成各种动作和技战术，在相互保护帮助中学习，在相互观察、评价中学习，在共同分析、讨论、研究中学习等。合作学习、练习的基本要素包括合作意识、合作目标、合作的形式、分工与互动、合作与独立活动结合等。

探究学习是指学生在教师的引导下，利用资料或情境自觉主动地探索，从而不断发现问题、解决问题，培养独立思考能力和实践能力的教学方式。运用探究学习方式有利于激发学生学习的内在动机，有利于培养学生主动探索、独立思考的能力和习惯，有利于训练学生解决问题的技能和技巧，有利于学生有效地获取和巩固体育的基本知识和基本技能。运用探究学习方式，要求确立学生的主体地位，营造师生和睦的气氛；创设问题的情境，增强学生的问题意识；善于引导，讲求实效。

自主学习、合作学习和探究学习三种学习方式是相互交叉、相互促进的。自主学习相对于被动学习，是一切有效学习的核心特征，自主性是以学生的主体性为前提和依据的。合作学习相对于个人学习，是学习的一种组织形式。探究学习相对于接受学习，是学习的一种展开方式。所有能有效地促进学生发展的学习，都一定是自主的学习，但并不是所有的学习都需要合作的形式，也不是所有的学习都要用探究的方式。

3. 重视体育学习方式选用的针对性和实效性

要从教学对象的主体条件出发。新课程倡导学习方式的多样化是一个宏观且略显抽象的概念，在实际的运用过程中却要面对十分具体的教学对象。因材施教的教学原则指的就是要从学生的实际出发，根据不同对象的具体情况，采取不同的方法，进行不同的教育，从而促进每个学生都能在各自原有的基础上得到充分的发展。

要善于有针对性地选用学习方式。新课程倡导的自主学习、探究学习和合作学习，以"发扬教学民主，着重培养学生的能力、陶冶学生的情感和促进学生人际交往和社会性提高"为出发点，是针对"单纯以运动技术传授为主体的教学方法"的补充和修正。在选用体育学习方式的过程中，要根据学习目标进行理性的分析和选择，因为不同的学习方式对于实现不同的学习目标具有不同的作用，这也正是新课程提出的"要以目标的达成统领教学内容和学习方式的选择"的依据所在。要避免错用和滥用新的学习方式的倾向，要把"各地、各校和教师可以选择多种不同的内容、采用多种不同的形式和方法去达成课程学习目标"的精神落实到日常的课堂教学中。

（3）要充分考虑教材的特点。不同体育教材的教学都有其相适应的或相对适应的学习方式，并不是什么方法都可以运用的。例如，探究学习就比较适用于有一定深度、原理性比较强的教材，而不适用于那些浅显的介绍性和锻炼性教材；合作学习比较适合于球类和游戏等教材。如果在选用学习方式时不充分考虑教材的特点，就难以收到理想的教学效果。

4．正视各种学习方式的局限性，避免形式化和绝对化

任何学习方式的运用都不是毫无限制的，再好的学习方式也不能滥用。例如，自主学习在活跃教学气氛、激发学生的学习兴趣、帮助学生体验教材的乐趣等方面有其特殊的作用。但是，即使是这样的好方法如果使用无度，整堂课甚至整个学期都让学生自主学习，就可能淡化教师的主导作用。再如，如果过度使用探究学习，就可能使教学效率降低，甚至可能把体育课上成了科研课。此外，自主学习、合作学习、探究学习在促进学生的体能发展和技能掌握方面的效果并不见得比接受式学习方式更加显著，这也是我们需要正视的问题。实际上，只有充分认识各种学习方式的利弊，根据教学目标、教材特点等合理选用学习方式，才能扬长避短，真正提高教学效果。

在高校体育教学的实际工作中，要避免将新课程倡导的教学方式形式化和绝对化，要正确认识各种教学方式的适用范围和局限性（见表7-5）。

表7-5　几种新的体育学习方式的比较

教学方式	自主学习	合作学习	探究学习
运用目的	通过建立学生的"自我学习目标"和有意地安排一段"自我练习时间"让学生独立自主地学习	通过建立学生共同拥有的学习课题，建立适合学生交流的学习形态，促进学生在互帮互学中共同提高	让学生通过探究性学习过程对某些难题进行理解，并通过典型的探究过程帮助学生学会学习
优点	有利于学生进行适合于个性特点的学习，培养学生的主体性和思维能力	有利于学生之间的相互交流和取长补短，培养学生的社会性和集体性	有利于学生认识学习的过程，培养学生发现问题和解决问题的能力
缺点	教学不容易组织，要求学生有很强的自觉性和学习能力，安全方面有一定的隐患	学习效率不太高，要求有很好的集体基础。对教师的教学能力有很高的要求	学习效率不高，不可多用，对教材的加工和教师的教学能力有很高的要求

教学方式	自主学习	合作学习	探究学习
适用对象	掌握了一定基础技能、明确了学习目标、有一定学习自觉性的学生	已经形成了一定集体意识和具有交流意识的学生	具有一定知识基础、有一定发现和归纳问题能力的学生
适用教材	难度不大、以练习为主、比较安全的教材	集体性项目，或需要集体进行学习、有一定深度的个人性项目教材	有典型意义和学习深度（通常是有一连串问题）的教材

高校体育教学无疑需确立学生的主体地位，因为体育课程的最终目标是要促进学生的发展。不过，只有正确理解学生的主体地位，才能切实提高高校体育教学的有效性，进而促进学生的有效发展。第一，学生是身心发育尚未成熟、处于发展中的主体，他们已有的体育知识和经验是有限的，他们的运动兴趣需要体育教师去激发和培养，他们的体育需求需要体育教师去启发和引导。第二，学生主体的发展程度主要来自教育所施加因素的影响，那种打着"自主学习"的旗号，让学生喜欢学什么就学什么，爱怎么学就怎么学，能学到什么程度算什么程度的做法，实际上是违背教学规律的。第三，学生是以接受前人经验为主的学习主体，是教育信息的能动接受者。在培养学生体育学习能力和运用"探究学习"时，不要排斥或否定接受式学习。绝不是所有的体育知识和运动技能，都要让学生通过所谓的"合作学习"或"探究学习"去"发现"、去"建构"的。

（三）有效高校体育教学模式的实施要点

1. 准确把握有效高校体育教学的八大"外部事件"

学生体育学习需求的多样性、学习目标的多元性、学习内容的丰富性和可选择性及高校体育教学情境的随机性和多变性，决定了高校体育教学过程的复杂性和创造性。有学者认为，有效教学的实质，就是要促进学生形成有效学习，即"有意义学习"的过程，有效教学的要素就是与有效学习的八大要素（情境、个性、动机、选择、建构、应用、计划、评价）"相当精确地保持一致"的起促进作用的八大"外部事件"。[①]事实上，这八大"外部事件"同样是实施有效高校体育教学所必须把握好的。

第一，精心创设良好的学习情境，营造良好的学习氛围；第二，全面掌握学生的个性特征，了解学生的个体差异；第三，善于激发学生的学习动机，点燃并保持积极的学习意愿；第四，及时引导学生的选择性注意，帮助学生明确学习指向；第五，合理促进新旧知识的联系，加强新知识意义的领悟；第六，注重体验学习，促进学生对新知识的理解、巩固和迁移；第七，巧妙指导学习计划，提高学生的"元认知"水平和能力；第八，重视指导评价反馈，提高学生自控学习的意识和能力。

2. 全面践行有效高校体育教学的五大关键行为

美国学者加里·D. 鲍里奇在他的著作《有效教学方法》（第四版）中归纳了促成有效教学的五种关键行为，即：第一，清晰授课；第二，多样化教学；第三，任务导向；第四，引导学生投入学习过程；第五，确保学生成功率。[②]他在该著作中还进一步阐释了每一种关键行为在教学活动中的具体表现。表7-6是根据鲍里奇著作中的主要观点进行整理的，表7-6中所陈列的五大关键行为及其教学表现也是实施有效高校体育教学需要全面践行的。

---

① 陈厚德. 基础教育新概念：有效教学 [M]. 北京：教育科学出版社，2000.
② 鲍里奇. 有效教学方法 [M]. 易东平，译. 南京：江苏教育出版社，2002.

表 7-6　有效教学五大关键行为的教学表现

清晰授课	多样化教学	任务导向	引导学生投入学习过程	确保学生成功率
1. 告诉学生课时目标	1. 使用吸引注意的技巧	1. 制订的单元和课时计划，能反映课程目标	1. 在教学刺激之后立即诱发理想行为	1. 所建立的单元和课时内容反映先前学习内容
2. 为学习者提供先行学习材料	2. 通过变化目光接触、语音和手势来展示热情和活力	2. 有效率地处理行政事务性干扰	2. 在一种非评价性的气氛中提供反馈机会	2. 在最初的回答之后立即给予纠正
3. 上课开始时，检查与学习任务相关的先前学习内容	3. 变化讲解、示范、练习等呈现方式	3. 以最小的扰乱课堂的代价制止或阻止不当行为	3. 必要时使用个人活动和小组活动	3. 把教学刺激划分为容易消化的小块
4. 缓慢而明确地发出指令	4. 混合使用奖励和强化物	4. 为教学目标选择最合适的教学模式	4. 使用有意义的口头表扬，引导学生积极投入学习过程并保持积极性	4. 应该以容易掌握的步骤安排向新材料的过渡
5. 知道学生的能力水平，教学适应学生的当前水平或略高于当前水平	5. 把学生的想法和参与纳入教学的某些方面	5. 用明确限定的时间逐步准备单元成果	5. 监督课堂作业，在独立练习期间频繁地检查进展情况	5. 变换刺激的呈现节奏，并持续不断地为教学高潮或者关键事件做准备
6. 用举例、图解或示范等方法来解释和澄清	6. 变化提问类型和试探性的问题			
7. 在每一节课结束时进行回顾总结				

3. 把有效教学理念真正落实到高校体育教学过程中

体育新课程在课程理念、课程内容的呈现形式及教学方式的选用等方面发生了显著变化。这些变化在给体育教师创造性地开展高校体育教学提供广阔舞台的同时，也给体育教师的有效教学造成了困惑。一方面，体育教师需要从新课程的视角重新审视高校体育教学的有效性，因为传统教学理念下的有效高校体育教学在新课程的视域下不一定是有效的；另一方面，体育教师需要详尽地分析本校的高校体育教学资源和学生的体育学习需求，独创性地设计高校体育教学过程。

在新课程的理念下，教学过程被界定为"师生交往，积极互动，共同发展的过程"。在教学活动中，人与人之间的关系不再是单向的"输出—接受"关系，也不是被动的"刺激—反应"关系，而是一种相互作用、相互交流和沟通的双向互动关系。这样，教学交往实践与传统的教学活动相比，它不再是单一教学主体与教学客体之间两极摆动的抽象过程，而是对现实的教学活动中多极教学主体之间相互作用、相互影响的真实反映和生动刻画，是教学主体之间相互以共同客体为中介的一种对话、交流和沟通的过程。高校体育教学过程具有一般教学过程的共同特点，基于交往实践观念的高校体育教学过程要落实好如下要点：第一，创设宽松、和谐、平等、充满活力的教学氛围；第二，使学生明确一节课、一个单元的学习目标；第三，鼓励学生在达成目标的过程中挖掘自己的潜能；第四，帮助学生发展学习经验，给学生提供相互交流的机会；第五，鼓励学生积极与教师对话；第六，启发学生积极思考完成学习任务的不同途径，学会学习；第七，当学生提出的假设与事实有矛盾时，鼓励学生相互探讨；第八，鼓励学生大胆地表现自我，展示自我；第九，在保证安全的前提下，鼓励学生向自我挑战，并具有一定的冒险精神；第九，在活动中引导学生运用已有的运动经验进行动作组合与创新练习方法；第十，给学生时间在相关媒体中寻找答案，并创造自己的想法；第十二，无论学生成绩如何，要让学生感到教师在关心他，并用富有感情的方式对待学生的每一点进步。

第二节　信息技术下的体育课程整合模式

一、信息技术与体育课程整合概述

（一）信息技术与体育课程整合的概念

1. "大整合论"

在"大整合论"下，课程的概念较大。信息技术与体育课程的整合可以理解为在体育课程的整体中融入信息技术，使课程内容和结构发生改变，使整个课程体系产生变革。这一理念下，信息技术与体育课程整合的概念主要有以下两种观点：

第一，信息技术与体育课程整合指的是通过以信息技术为基础的课程研制，对信息化体育课程文化进行创造。它针对教育领域中信息技术与学科课程的割裂和对立问题，通过信息技术与体育课程的双向整合，促进师生合作的课程与教学组织方式的实现及以人为本的新型体育课程与高校体育教学活动样式的发展，对整合型信息化体育课程新形态进行建构。

第二，信息技术与体育课程整合指的是信息技术与体育课程结构、内容、资源以及实施等有机融合成一个整体，从而改变课程的各个层面和各个维度，进而促进整体变革的实现。

"大整合论"的观点能够指导人们从课程的整体角度对信息技术在体育课程中的地位和作用进行思考。

2. "小整合论"

"小整合论"的观点认为课程与教学等同,那么,信息技术与体育课程的整合就可以理解成信息技术与高校体育教学的整合。在这里,信息技术是以工具、媒介和方法等角色向高校体育教学的各个层面(教学准备、教学过程、教学评价等)渗透的。在当前信息技术与体育课程的整合实践中,这种观点是一种主流观点。人们对于信息技术作用的认识,从不同视角出发有不同的结论,这从信息技术与体育课程整合概念的分化中可以体现出来。

在研究与实践中,一般来说,专家学者持"大整合论",认可"小整合论"的大多是一线教师和教研人员。

在信息技术与体育课程整合的研究中,要对高校体育教学实践层面的问题多加关注,不能简单地认为新的教学手段与传统教学手段叠加在一起就是信息技术。从广义层面而言,体育课程整合指的是分化了的高校体育教学系统要素形成一个有机整体及该整体形成的过程。从狭义层面而言,体育课程整合是各相关学科及学科内部的整合,即把体育学科和其他学科联系起来整体学习。在这个过程中,课程系统的各要素相互联系、相互融合,构成整体。

体育课程整合能够使学生在学习中一步步掌握不同的知识,从而促进综合素质的提高。体育课程整合强调体育与其他学科的联系,避免过分强调各学科的不同与差异,防止各领域孤立或相互脱节,以免影响整体效果。

(二)体育信息技术课程整合的特征

1. 体育信息技术课件的特征

(1)运动动作图像化。受体育专业教学方式的影响,直观教学作为体育专业传授技艺和学习技能的重要手段之一，越来越被重视。从20世纪50年代起，我国体育专业领域就有人把专业运动员在比赛或训练中的场面用电影摄像机拍下来，再放给运动员看，用以纠正运动员的动作。体育信息技术课程资源开发的过程中，教师可以通过对运动数据、生理数据和心理数据的采集，图示化训练效果分析，提高体育信息技术课程资源的有效性及其质量。它的最大特点是能够稳定或慢速甚至重复显示动作的方向、位置、路线以及身体各部分的相互关系，便于突出动作的关键部分，有利于观察和分析技术与战术。

（2）图像动作仿真化。从运动技术这一视角来看，运动成绩要获得提高或者突破就必须在运动技术研究方法学上完成两个转变，即从传统的主要基于人眼观察到基于高精度运动捕捉与分析的人体运动技术测量方法的转变；从基于包含太多的感情色彩的经验方法到基于程序化的人体运动模拟与仿真的人体运动分析方法的转变。运动技术仿真通过虚拟现实技术（Virtual Reality Technology）再现学生的技术动作诸细微环节、教练员的训练意图以及训练过程。运用虚拟现实技术，可以细化体育教学的动作展示，如对同一姿势，学生可以从不同的角度去观察动作要领。

（3）动作仿真微格化。随着计算机辅助教学技术的进步，高校体育教学的一个重要内容是讲解技术动作的分解变化过程、与技术动作相关的步伐或姿势变化过程、集体项目战术配合中的队员位置及运动线路变化过程等。20世纪80年代中后期，由于摄像机的普及，在专业运动训练领域，采用与微格教学近似的方法来纠正运动中的错误动作和技术的现象比较普遍。20世纪90年代以后，一些体育院系开始针对体育教育专业进行提高课堂教学技巧的微格教学活动。

2. 体育信息技术课程特征的具体表现形式

（1）技艺性。从当前人们对体育课程的学科性质与特征所持的基本共识可知，体育课程是通过身体活动进行教学和教育，是一门技艺性的学科。这就决定了体育信息技术课程不同于一般文化课程的认知过程，是一种身体认知，也就是说，体育信息技术课程既要使学生掌握必要的体育理论知识，又要通过多媒体课件演示体育运动动作，把教师很难示范清楚的技术环节用动画和影像，采用慢动作、停镜、重放等方法表现出来，并给予必要的分析和讲解。例如，以球类（羽毛球）网络课程为例，制作羽毛球技术动作图。在授课之前，教师要让学生看懂并理解图中的动作，初步建立动作概念，学生通过看图并想象网前勾对角线技术动作，使学生头脑中的技术动作形象更加逼真。采用慢动作、停镜、重放等方法重复多次，使动作概念逐渐由模糊到清晰。

（2）动态性与非线性。动态性是指体育信息技术课程的学习内容是及时更新的、可生长的。它可以不断吸收本学科领域最新的科技成果和前沿信息，保持鲜活的学习内容；也可以在教学过程中，通过教师和学生不断扩充新的内容。非线性是指体育信息技术课程的内容结构方式是非线性的、超链接的，这是由 Web 本身的特性所决定的。非线性的信息表达方式有助于培养学生的联想式、发散式思维。

（3）多维性与多元性。多维性是指体育信息技术课程内容具有多种表现形态。网络课程的内容可以通过文字、图形、声音、动画和视频等多媒体形式来表现，可以二维模拟、三维仿真，还可以通过虚拟现实实现多维的教学信息传递。多元化是指体育信息技术课程具有多种文化特性，体现了多种不同文化的集合。一方面，体育信息技术课程的开放性和扩展性，通过 Web 实现跨地区、跨国界的网站连接，使得体育信息技术课程的内容构成上具有多种文化成分；另一方面，在教学活动过程中，不同地区、不同国家、不同文化背景的人共同参与网络课程的学习、讨论、交流和协作，他们具有不同的思维方式和表达方式，使得教与学的过程充满了不同文化的融合和碰撞，从而形成了多元文化的特性。

（4）整合性。整合性是指体育信息技术课程体现了信息技术、信息资源、信息方法、人力资源、课程内容和现代教育思想的整合，是一种新型课程模式。

二、信息技术与体育课程整合的模式

（一）信息技术课程——信息技术是学习的对象

开展体育信息技术课程主要是为了正确使用信息技术，从而发挥信息技术在体育教育中的作用。开设信息技术课程可对学生利用信息技术解决问题的能力进行培养。在课程整合理念下，信息技术课程模式因具体操作流程的不同而显示出一定的差异。

一般可以将信息技术与体育课程整合分为以下两种基本的课程模式。

1. 带疑探究—讲授示范—动手操作型

首先，教师以课程教学目标为依据，向学生提出具有吸引力和探究性的问题，并激励和引导学生思考与探究，引导学生将已有信息技术利用起来，对解决问题的方法进行探寻。

其次，教师将问题分解为若干信息技术学科知识点传授给学生，接着进行示范操作。

再次，学生按照教师的示范与讲解试着独立操作，从而掌握知识和技能。

最后，教师对学生的学习进行评价，并组织学生相互之间进行评价。

2．任务驱动—协作学习型

首先，教师以教学的重难点为依据，对融合了信息技术的教学目标和教学任务灵活设计。任务系统呈梯状，由易到难，具有层次性。

其次，教师给学生呈现教学任务，让学生自主选择合作伙伴，协作学习、共同探究。学生在探索学习中发现信息和资料后要分享给小组其他成员，小组成员互相交流，共同学习。

最后，教师进行终结性评价，重点是考查学生对信息技术的应用能力。

（二）与其他学科的整合——信息技术是教学工具

信息技术辅助下的体育课堂教学有多种表现形式，下面主要分析几种常见的表现形式。

1．自主—监控型模式

自主—监控型模式是在网络教室里学生将教师提供的教学资源利用起来进行学习，教师对学生的学习过程进行监控，及时对学生提供辅导。在这个模式中，学生可以根据自己的需要使用网络资源。在教学过程中，教师监控学生活动，手把手地对学生进行交互辅导教学。

自主—监控型模式的实施程序如下：

首先，教师从教学目标出发来分析与处理教材，决定用什么形式给学生呈现教学内容。其次，学生接受学习任务后由教师指导，利用相关资料或信息进行独立学习或协作学习。最后，教师总结教学内容并做出个别化评价。

2．群体—讲授型模式

群体—讲授型模式是在同一时间内对整个班级群体进行同一内容的教学，这里所运用的信息技术是作为教学手段出现的。这种模式的优势主要表现在以下三方面：

（1）集文字、图片、声音、图像的表达于一体，使体育课堂教学活动更加生动有趣。

（2）时间、空间和宏观、微观等因素对此不构成限制，便于促进教学重点和难点的突破。

（3）简单、容易操作，能够将教学内容快速、及时地呈现出来，促进高校体育教学效率的提高。

群体—讲授型模式的实施步骤如下：

首先，教师备课时对教学内容进行研究，至于课件，教师可以自己设计，也可以从资源库里选。

其次，教师在课上利用课件创设教学情境，将教学信息展示给学生，引导学生思考。

最后，教师做总结。

3．讨论型模式

师生通过网络交流实现实时和非实时的讨论，这是讨论型模式的基本特点。这种教学模式一般用于教师提出问题、学生讨论问题的教学中。学生的讨论不论是实时，还是非实时，教师都要认真倾听，善于发现学生的好思维，同时要敏锐地观察学生的问题，并给予指导。讨论结束后，教师进行总结和评价。

讨论型模式可以使学生克服自己的心理障碍，真正参与讨论，畅所欲言。

这种讨论容易调动学生的积极性，但花费的时间也比较多。该模式的基本步骤如下：

首先，教师以教学目标为依据分析与处理教材，决定教学内容的呈现形式，并向学生呈现课件或网页类的教学内容。

其次，学生接受任务后由教师指导查阅资料或信息，进行独立学习或协作学习，利用信息技术完成学习任务。

最后，师生共同进行学习评价、反馈。

在整个教学过程中，教师都要重视学生学习的主体作用，培养学生的创新精神和协作能力。

（三）研究型体育课程——信息技术是学习工具

研究型体育课程与科学研究的方式相类似。在这一整合模式下，学生积极参与学习与研究，利用信息技术多渠道分析、归纳、整理各种资料，从中提炼信息。同时，运用各种信息工具对科研过程进行体验，探索指导实践的理论依据。

研究型体育课程中的整合任务是课后的延伸，超越了传统的单一学科学习的框架。它依据学生不同的认知水平，以主题活动的形式呈现社会生活中学生感兴趣的问题，让学生在研究中完成任务，达到课程目标。

学生的主体性和参与的过程性在研究型课程中更加突出。在整个研究过程中，学生自主设计研究方案、实施方案，到最后完成任务，教师只是在学生选题和对资料的收集与分析中提供基本指导。教师虽然提供一般性指导，但这依然很重要，与研究型学习的成败有直接的关系。

在组织研究型学习的整个过程时，关键在于如何确定研究主题，这需要充分考虑学生的认知能力、年龄特点，循序渐进地完成。

总之，信息技术与体育课程的整合是提高高校体育教学效率的重要途径，是使整个高校体育教学系统协调一致的重要方法。

（四）体育课程实施模式概述

1. 体育课程实施模式的定义

一般来说，课程实施模式是指在某一思想的指导下，根据教育对象的主体需求和客观的课程情境而设计的相对稳定的实践程序。体育课程作为学校课程的重要组成部分，在具有课程实施模式的共同特点的同时，又必须遵循体育课程自身独特的规律。体育课程实施模式是指在"健康第一"思想的指导下，为实现体育课程目标，根据大学生的年龄特征和体育需求及客观的体育课程情境，遵循体育活动的基本规律而设计的相对稳定的体育课程实施的运作程序。

2. 体育课程实施模式的特点

体育课程实施模式具有较强的理念引领性，即体育课程实施模式总是在一定的指导思想的引领下构建的，是为实现体育课程目标服务的。指导思想和目标体系不同，体育课程实施模式也必然不同。

体育课程实施模式具有鲜明的实践操作性，即体育课程实施模式并不止步于理论阐释，其更为重要的使命是构建一种较为稳定的实践操作程序供一线教师参考运用，以确保体育课程的指导思想和目标体系能在学校体育的实践工作中有效落实。

体育课程实施模式具有达成路径的多样性，即体育课程实施模式的具体达成路径并不是唯一的，而是多元的。它主要包括高校体育教学、课外体育活动、校本体育课程等，这些路径相辅相成，共同构成了体育课程实施模式的整体。

3. 体育课程实施模式的构建

体育课程实施模式构建的主要步骤：确立指导思想→明晰目标体系→分析课程情境→设计实践路径→编选课程内容→创设操作程式。体育课程实施模式具有一定的稳定性，即体育课程实施模式一经形成，便在相对较长的时间内成为一种较为稳定的实践操作程式。不过，这并不是说体育课程实施模式一成不变，它需要在实践过程中不断地改进和完善。

（1）确立指导思想。"健康第一"是我国基础教育体育课程的指导思想，体育课程实施模式的构建理所当然应确立"健康第一"的指导思想。

（2）明晰目标体系。新课程根据学生全面发展的需求确定了课程总目标—学习方面目标—水平目标的三级目标体系。需要特别强调的是，新课程目标体系的编制是以学生作为行为主体的，即学生通过体育课程学习预期的结果，在体育课程实施模式中应该称为学习目标。

（3）分析课程情境。体育课程情境主要包括学生的年龄特征、体育需求等主体条件以及体育场地、器材、设施、师资、社区文化等客观条件，准确地分析体育课程情境是构建体育课程实施模式的前提条件。

（4）设计实践路径。体育课程实施的实践路径主要包括高校体育教学、课外体育活动、体育校本课程三个方面。体育课程实施模式和实践路径的设计要在准确分析体育课程情境的基础上，扬长避短，充分发挥各种体育课程资源的作用，最大限度地促进学生的身心发展。

（5）编选课程内容。体育课程内容具有多样性和可替代性的特点，且《全国普通高等学校体育课程教学指导纲要》给体育课程实施留下了很大的空间，体育教师可以根据学校和学生的情况选择课程内容。在编选体育课程内容时，要特别注重体育课程内容的实效性、健身性和趣味性。

（6）创设操作程式。体育课程实施模式的操作程式是指在体育课程实践工作中相对固定的运作程序和方式，它是构建体育课程实施模式的最后环节。高校体育教学、课外体育活动和体育校本课程具有不同的特点，因此，也应分别创设不同的运作程序。

参 考 文 献

［1］李杰. 高校体育教学资源优化与管理［M］. 青岛：中国海洋大学出版社，2023.

［2］杨秀清，任静，于洪波. 高校体育教学创新方法论［M］. 北京：中国石化出版社有限公司，2020.

［3］王雪，王晓群，荣杰. 高校体育教学创新研究［M］. 长春：吉林出版集团，2022.

［4］王雷涛，冯超. 高校体育教学与运动训练［M］. 长春：吉林大学出版社，2024.

［5］黄铁英. 高校体育教学翻转课堂模式构建研究［M］. 北京：经济科学出版社，2022.

［6］吴鹏，马可，李晓明. 高校体育教学多种模式研究［M］. 延吉：延边大学出版社，2023.

［7］李佳. 高校体育教学内容建设：以健美操教学为例［M］. 北京：现代出版社，2023.

［8］许德凯，陆克珠. 高校体育教学及课程体系改革研究［M］. 北京：中国戏剧出版社，2023.

［9］樊临虎. 体育教学论［M］. 北京：人民体育出版社，2017.

［10］高德胜. 知性德育及其超越——现代德育困境研究［M］. 北京：教育科学出版社，2013.

［11］胡增荦，庄弼．实验新课程与体育教师谈心［M］．广州：广东高等教育出版社，2018.

［12］金钦昌．学校体育学［M］．北京：高等教育出版社，2015.

［13］毛振明．体育教学论［M］．北京：高等教育出版社，2017.

［14］庞元宁，何建文．体育课程新论［M］．北京：人民体育出版社，2014.

［15］曲宗湖，顾渊彦．基础教育体育课程改革［M］．北京：人民体育出版社，2017.

［16］王丽娟．教学设计［M］．海口：南海出版公司，2019.

［17］威伦．有效教学决策［M］．李森，译．北京：教育科学出版社，2018.

［18］梁晓龙．体育强国背景下高校体育教学改革研究［J］．冰雪体育创新研究，2022（13）：85-88.

［19］王雅静，刘昌亮．互联网技术在高校体育教学中的应用研究［J］．教育研究，2022，5（2）：1-3.

［20］韩兵．我国高校体育教学改革现状及发展对策研究［J］．山东农业工程学院学报，2014，31（3）：189-190.

［21］国翠翠，王雅静．高校体育教学方法与创新教育的探讨和研究［J］．教育研究，2022，5（2）：54-56.

［22］曹健，杨继宏．在高校体育教学中落实快乐体育理念的途径探讨［J］．冰雪体育创新研究，2022（15）：137-140.

［23］张晓英．互联网技术在高校体育教学中的应用研究［J］．灌篮，2022（16）：84-86.

［24］蔡秋，孙晨晨．高校体育教学中融入奥林匹克人文精神教育方法研究［J］．运动休闲，2023（16）：0128-0130．

［25］任远金，陈双，杨丽娟．基于人才培养背景下的普通高校体育教学之分析与思考［J］．铜陵职业技术学院学报，2023，22（2）：7-13．

［26］公为刚．高校体育教学有效性课堂改革的研究［J］．湖北开放职业学院学报，2023，36（15）：184-185．

［27］涂金龙，李爱菊．课程思政视域下的高校体育教学改革路径［J］．教育理论与实践，2022，42（24）：62-64．